En couverture.
**Lors de Bright Star 97, des éléments
du 1er spahis attendent l'ordre
de progresser sur El Alamein. Notre
photo illustre le tandem opérationnel
constitué par le VBL et l'AMX-10 RC.
Tous deux sont revêtus du bariolage
sable et brun type outre-mer.**

En pages de garde.
**Partout où les forces françaises sont
engagées, dans toutes les conditions
opérationnelles et sous toutes
les latitudes, le VBL est présent.
Ici, un véhicule 12,7 mm de l'EEI 9,
appartenant aux troupes de marine,
participe à un exercice de débarquement.
Une opération, parmi bien d'autres,
qui n'a pas de secret pour la « Colo ».**
(*Photos Yves Debay*)

Toute reproduction, même partielle,
de cet ouvrage est interdite sans autorisation
préalable et écrite des auteurs et de l'éditeur.

ISBN : 2-913903-16-9

Numéro d'éditeur : 2-913903

Dépot légal : 2e trimestre 2004

© Histoire & Collections 2004

SA au capital de 182 938,82 €

5, avenue de la République
F-75541 Paris Cédex 11

Téléphone : 01 40 21 18 20
Fax :   01 47 00 51 11

Cet ouvrage a été conçu, composé et réalisé
par Histoire & Collections, entièrement
sur stations informatiques intégrées.

Supervision : François Vauvillier.
Maquette : Yann-Erwin Robert.

Achevé d'imprimer le 30 avril 2004
sur les presses d'Elkar, Espagne, UE.

VBL

Véhicule blindé léger

PANHARD

par Yves DEBAY
avec la collaboration d'Éric BALTZER

HISTOIRE & COLLECTIONS - PARIS

SOMMAIRE

Première partie
LE VBL, APPROCHE HISTORIQUE ET TECHNIQUE

Deuxième partie
LE VBL EN SERVICE DANS L'ARMÉE FRANÇAISE

Troisième partie
LE VBL DANS LE MONDE

LE VBL
APPROCHE HISTORIQUE
ET TECHNIQUE

VBL, le « bien pensé »

L'AVIS DES UTILISATEURS sur le VBL est unanime : cet engin est un véritable petit bijou blindé. Bien pensé, esthétique, fiable et doté de bonnes performances, il est une des vitrines de la technologie française. Copié à l'étranger, notamment en Turquie et en Slovaquie, mais resté sans égal, le VBL est à la base d'une nouvelle famille de blindés légers.

La production du VBL se poursuit activement et de récentes commandes (sultanat d'Oman, forces armées helléniques, émirats) confirment l'intérêt des militaires de nombreux pays pour ce véhicule parfaitement adapté aux conflits de notre temps.

Ayant connu son baptême du feu dans les pires moments du siège de Sarajevo durant l'hiver 1992-1993, le VBL a su rapidement faire ses preuves et séduire ses utilisateurs, tel le général canadien MacKenzie, premier commandant de la FORPRONU, qui l'a immédiatement adopté comme véhicule personnel, effectuant à bord de son VBL tous ses déplacements et ses visites aux plus grands leaders politiques et militaires du théâtre d'opérations. Ainsi le VBL est-il entré dans la légende.

Par la suite l'armée française engagera le VBL dans toutes ses missions extérieures, un rôle idéal pour le bijou blindé de Panhard.

De la gestation à la grande série

C'EST EN 1978 que commence l'histoire de ce remarquable véhicule. L'armée de terre française cherche alors à acquérir un nouveau blindé léger destiné à « éclairer » les escadrons d'AMX-10 RC qui viennent d'entrer en service. Le futur véhicule, qui devra être blindé, amphibie et doté d'un système NBC, est destiné à remplacer les jeeps dans les unités de reconnaissance. En effet, la vieille jeep Hotchkiss équipant les unités d'éclairage de l'armée française ne fait pas le poids face à la horde de BRDM et PT-76 alignés par les unités d'éclairage du Pacte de Varsovie, l'adversaire potentiel de l'époque.

Le nouvel engin doit peser moins de 3 500 kg. Ses missions demeurent le combat antichar — avec pour armement le missile MILAN — et la reconnaissance, pour laquelle il sera armé d'une simple mitrailleuse. Le programme est désigné VBL (véhicule blindé léger).

Panhard et Renault sont mis en concurrence pour la construction de trois prototypes chacun. Le modèle Panhard, qui effectue ses premiers tours de roue en septembre 1982, est sélectionné [1] en 1985 et, dans la foulée, l'armée de terre commande 15 véhicules d'avant-série afin d'effectuer des tests opérationnels. Ces engins sont livrés à l'armée française en 1988-89, mais dès 1984 est enregistrée une première com-

Ci-contre. **Le prototype de VBL réalisé par Renault, version n° 3. On le voit ici équipé du MILAN.** *(Photo Renault)*

Ci-dessous. **Les deux prototypes VBL — Panhard et Renault — lors d'une présentation à une délégation de l'US Army au camp de Suippes le 4 décembre 1984. Sur le prototype Renault, le moteur se trouve à l'arrière et les roues sont de plus faible diamètre.** *(Photo Panhard/F. Rodriguez)*

mande à l'exportation, provenant du Mexique. Ce marché de 40 véhicules, immédiatement honoré, fait de l'Ejercito Mexicana la première force armée au monde à mettre en œuvre le VBL. Celui-ci défilera le 16 septembre 1985 à Mexico. Sur le marché de l'exportation, Panhard donne à son véhicule la désignation d'ULTRAV M-11.

Dans l'urgence, trois VBL de la commande mexicaine sont livrés à l'armée française pour une utilisation au sein de la FINUL à Beyrouth.

Puis un premier marché de 569 véhicules (décomposé en 368 VBL antichars et 201 VBL de reconnaissance) est passé par l'armée de terre française, les premiers véhicules du lot étant livrés en 1990.

Un nouveau marché de 330 véhicules pour l'armée française devait être livrable en l'espace d'un an, mais les restrictions budgétaires dues à la fin de la guerre froide vont étaler cette commande sur trois tranches conditionnelles, que le succès non démenti du véhicule auprès de ses utilisateurs rendra effectives. Ainsi seront livrés par Panhard — dans les délais prévus — trois lots de 110 véhicules chacun, entièrement livrés entre 1994 et 1997.

L'exiguïté du compartiment de combat des VBL utilisés en tant que véhicules de commandement est une des seules critiques émises par les militaires français qui l'utilisent intensément dans les Balkans. Aussi Panhard va-t-il développer une version allongée (4,09 m au lieu des 3,88 m de la version standard, soit 21 cm de plus). L'armée française commande d'abord 200 exemplaires de cette nouvelle version pour en faire des véhicules PC. Puis la série se poursuit sans interruption avec une commande de 500 VBL longs, répartie en cinq tranches.

En mars 2004, le carnet de commandes portait sur 2 272 exemplaires (toutes versions confondues) dont 1 621 pour la France.

Le 11 octobre 2001, la Société Panhard fêtait la sortie de son 1 500e VBL, et le 1 800e exemplaire tombe de chaîne en juin 2004. Pour l'armée française, la production est de 10 exemplaires mensuels mais l'usine de Marolles a toute capacité d'augmenter la cadence de production pour faire face aux nouvelles commandes.

---

1. De son côté, Renault continuera le développement de son VBL et le proposera à l'exportation pour une fabrication sous licence, mais ses tentatives ne déboucheront sur aucun contrat, empêchant toute production en série.

Ci-dessus. **Photographié ici au début de 1983, ce prototype du VBL Panhard se distingue par l'absence des ouïes latérales et ses rétroviseurs situés à l'avant.** *(Photo Panhard/G. Espieussas)*

Ci-contre. **L'un des prototypes photographié lors d'essais dans un camp de Champagne. Ses aménagements ont évolué (rétroviseurs, ouïes d'aération). Au fond, un autre prototype procède à un franchissement sur une travure de pont.** *(Photo Yves Debay)*

Quinze exemplaires ASEM (avant-série, état-major) sont livrés à l'armée de terre pour subir des tests intensifs. Le grand public les découvrira sur les Champs-Élysées le 14 juillet 1989. Celui-ci est évalué par le 1er RCP au camp de Mailly la même année. *(Photos Yves Debay)*

Le VBL de maintien de l'ordre

OUTRE LES DEUX MODÈLES INITIAUX destinés à l'armée de terre française, Panhard a développé, initialement sur fonds propres, pas moins de 22 versions ou variantes différentes du VBL. Parmi celles-ci, des véhicules destinés au maintien de l'ordre (ou à la « sécurité interne », cette dernière terminologie étant destinée à l'exportation).

Quelques prototypes ont ainsi été construits et décorés d'une livrée police ou gendarmerie mais aucune commande n'a finalement été obtenue des autorités françaises de tutelle, la principale raison étant d'ordre juridique. En cas de troubles graves nécessitant l'emploi d'engins blindés, l'ordre de faire intervenir l'escadron blindé de la gendarmerie, équipé de VBRG et de VBC-90, ne peut venir que du préfet. Dans un pays démocratique, c'est bien sûr une décision lourde de conséquences. Or, dans un tel contexte, le VBL est trop léger pour être réellement utilisé en maintien de l'ordre « à la française ».

Dans le cadre de la gendarmerie, l'engin pourrait néanmoins faire l'objet d'une commande en petite quantité pour équiper les unités de prévôté accompagnant l'armée de terre dans ses opérations extérieures.

Ci-dessus et ci-contre. **Le VBL de maintien de l'ordre, en livrée bleue, n'a pas été adopté par la gendarmerie.** *(Photos Panhard)*

Les VBL de maintien de l'ordre ou de police présentés sur cette page, sous leur livrée bleue ou blanche plutôt insolite, n'ont donc jamais été opérationnels. Toutefois, la dangerosité croissante dans certaines zones périurbaines conduira peut-être les autorités à opter pour une protection accrue des véhicules de patrouille. Dans ce cas, une future version « robocop » du VBL est loin d'être exclue.

Ci-dessous. **Fiction mettant en scène un VBL version police. Dans l'état actuel des choses, la loi française ne permet pas l'utilisation de véhicules blindés pour les tâches de police générale. Le véhicule utilisé ici est similaire à ceux destinés à l'armée de terre.** *(Photos Panhard)*

Ci-dessous. **Un prototype du VBL en version VMO. On note, comme pour les engins aux couleurs de la gendarmerie, que les vitres des portes latérales sont plus grandes que sur le véhicule original. L'armement en tourelle peut se composer d'une mitrailleuse légère ou d'un lance-grenade, au choix. Ce modèle est aussi équipé de lance-pots fumigènes à l'arrière.** *(Photos Panhard)*

A MPHIBIE ET PROTÉGÉ contre la menace NBC, le VBL se présente comme un véhicule 4x4 bien profilé et doté d'une caisse blindée en acier. À la base, et comme pour le VAB, aucun armement fixe n'est prévu sur le VBL et c'est donc l'utilisateur qui en définit la combinaison suivant la mission à remplir, les différentes combinaisons devenant autant de versions du véhicule. De ce fait, dans le chapitre qui suit, ce sont les caractéristiques de l'engin standard à châssis court qui sont décrites.

La caisse

L A CAISSE, d'une longueur de 3,70 m pour 2,02 m de large, est composée de plaques soudées d'acier de très haute dureté (THD) d'une épaisseur variant de 5 à 11 mm. De plus, la caisse du VBL apporte une innovation technologique : le changement d'angle sur les portes et les flancs est obtenu, non par la soudure de deux plaques, mais par le cintrage d'une seule plaque. Ladite plaque est donc

À droite. **Les outils du lot de bord, disposés sur le côté droit du véhicule** (Photo Éric Baltzer)

Ci-contre. **Ce cliché réalisé dans les locaux de Panhard après mise en situation du véhicule, permet de voir le dessous de la caisse. Les parois inférieures sont obliques, ce qui contribue à disperser l'effet de souffle de l'explosion d'une mine. Nous découvrons aussi la suspension avant et l'emplacement du silencieux d'échappement.** (Ph. Panhard/C. Dumont)

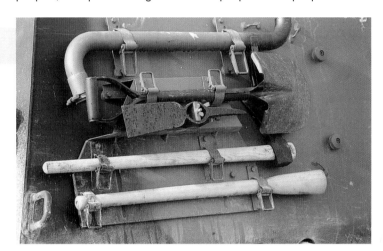

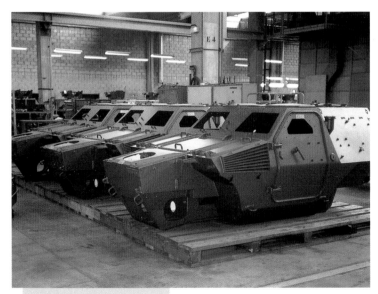

Ci-dessus. **La caisse nue du VBL sur palette.** Cette photo d'usine montre bien la façon dont est conçu le véhicule, notamment dans sa partie avant dont les ailes constituent des éléments rapportés. Cette particularité de construction contribue à améliorer la protection en cas de passage sur une mine : les ailes sont soufflées et la caisse blindée reste intacte. (Photo Panhard/C. Dumont)

Ci-dessus. **Sur cette vue prise quelques instant avant le défilé du 14 juillet, nous distinguons bien la courbure de la caisse, obtenue par cintrage au lieu de la soudure de deux plaques.** (Photo Panhard/C. Dumont)

Ci-contre. **Zoom sur le pot d'échappement, le silencieux sous la porte du chef de bord et la sortie en arrière et en hauteur.**

Ci-dessus. **Transport ferroviaire pour ces VBL de l'armée française. Ce cliché met en évidence l'agencement des trappes de toit, ainsi que celles présentes sur le capot moteur.** *(Photo Panhard/C. Dumont)*

pliée jusqu'à obtention de l'angle voulu. Cette méthode, plus complexe à réaliser pour le constructeur, apporte une plus grande solidité aux pièces ainsi traitées.

Les parois latérales supérieures comportent un décrochement derrière l'emplacement du pilote et du chef de bord à partir duquel elles présentent un flanc incliné, et ce jusqu'à l'arrière. Des bavettes-extension d'aile sont montées au niveau des roues avant.

La caisse est divisée en deux compartiments. À l'avant, le **compartiment moteur** est doté de trois trappes d'accès sur le dessus. Trois grilles d'aération sont également présentes, une sur le dessus (servant à l'extraction de l'air chaud) et une de chaque côté (entrée d'air).

La position du moteur à l'avant, voulue, procure plusieurs avantages. Tout d'abord cela permet de libérer de la place pour créer un compartiment à l'arrière (ce qui n'était pas le cas du modèle concurrent construit par Renault), espace qui se révèlera comme un grand point fort du véhicule pour l'installation de divers équipements de combat. En second

Ci-dessus. **La position du troisième membre de l'équipage. En vue de lui fournir la meilleure stabilité possible, un emplacement pour caler ses pieds a été incorporé au plancher.** *(Photos Éric Baltzer et Panhard)*

lieu, le moteur ainsi positionné participe activement à la protection générale de l'engin en renforçant la partie frontale, zone la plus exposée aux coups ennemis. Ce concept est celui qui a prévalu lors de la réalisation du char israélien Merkava, dans une toute autre catégorie bien sûr.

L'échappement sort sur le côté droit en arrière de la porte.

Ci-dessous. **L'emplacement du pilote et** *(à droite)* **celui du chef de bord. Le gros tuyau gris qui court le long de la partie centrale sert au chauffage des pieds de l'équipage. Ce dispositif, non d'origine, a été rajouté par l'armée française suite aux opérations de Bosnie où certains personnels ont été victimes de gelures. Ce système est livré en kit par Panhard.** *(Photos Yves Debay)*

Ci-dessous. **Le compartiment de combat du VBL — comme de tout véhicule blindé — étant très exigu, chaque élément doit être rangé à une place bien précise. C'est ainsi que la face interne des portes latérales est dotée de crochets permettant de fixer l'armement individuel, en l'occurrence le FAMAS et trois grenades à main.**

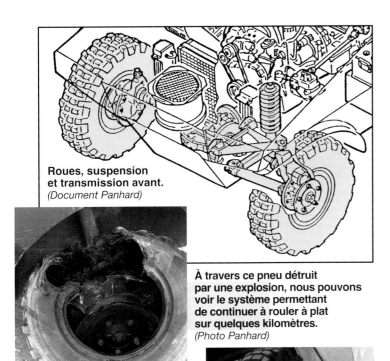

**Roues, suspension
et transmission avant.**
(Document Panhard)

**À travers ce pneu détruit
par une explosion, nous pouvons
voir le système permettant
de continuer à rouler à plat
sur quelques kilomètres.**
(Photo Panhard)

**Roues, suspension
et transmission arrière.**
(Document Panhard)

**Les éléments de la suspension
arrière gauche : arbre de transmission
transversal, amortisseur hydraulique
et logement du réducteur.**
(Photo Panhard)

Le réservoir de carburant, d'une capacité de 82 litres (augmentée d'un jerrycan de 20 litres fixé à l'arrière), est situé quant à lui de l'autre côté, sous le siège du pilote.

Le **compartiment de combat**, qui reçoit l'équipage, est placé de façon conventionnelle derrière le moteur. Le pilote s'asseoit à gauche et dispose d'une trappe sur le toit de forme rectangulaire ouvrant vers l'arrière. Le chef de bord est à sa droite avec au-dessus de lui une trappe ronde ouvrant également vers l'arrière. Tous deux disposent d'une porte d'accès sur le côté, dotée d'une vitre à l'épreuve des balles. Le troisième membre d'équipage prend place à l'arrière du véhicule pour servir le système d'arme, ou pour faire office d'opérateur radio. Une trappe de toit ronde, ouvrant vers la gauche, et une large porte à l'arrière permettent l'accès. Le pare-brise, composé de deux vitres blindées, est équipé de deux essuie-glaces. L'épaisseur des vitres varie de 33,5 à 49 mm.

L'exiguïté du compartiment de combat est l'un des rares reproches fait au VBL. Le véhicule peut néanmoins recevoir un châssis radio ou embarquer un poste de tir MILAN avec six missiles et 3 000 coups pour la mitrailleuse de 7,62 mm. La version longue autorise bien sûr de meilleurs aménagements.

Le véhicule est doté de quatre roues, motrices en permanence, chaussées de pneumatiques 9,00 x 16 permettant de continuer à rouler même après une crevaison. La pression des pneus peut être ajustée pour une meilleure mobilité en tout-terrain.

Chaque roue est dotée de freins à disques, qui sont montés non pas directement sur les roues, mais sur l'arbre de transmission transversal.

La suspension est composée, à l'avant, de double triangles et amortisseurs hydrauliques, et à l'arrière, de barres de torsion et amortisseurs hydrauliques.

La direction assistée est fournie en option.

Le rayon de braquage est de 5,77 m, l'empattement de 2,45 m, la voie de 1,69 m et la garde au sol de 0,37 m.

Le moteur

LE VBL EST PROPULSÉ par un moteur Peugeot d'origine civile, que l'on retrouve sur la 505. Il s'agit du XD 3T turbo diesel à quatre cylindres en ligne de 2 498 cm³ de cylindrée. Refroidi par eau (16 litres dans le circuit), il développe 95 chevaux à 4 150 tr/mn et un couple de 20 m/daN à 2 500 tr/mn. Le même moteur équipe les derniers modèles d'AML, ce qui permet une logistique commune.

La transmission est dotée d'une boîte de vitesses automatique ZF de construction allemande, à trois rapports avant et un arrière, ainsi que d'une boîte de transfert à deux positions. Particularité originale du VBL, l'arbre de transmission n'attaque pas la roue en son centre, mais en restant horizontal, et il transmet le couple par un réducteur. Ceci permet, entre autres, d'augmenter la garde au sol.

Le système électrique est alimenté par deux batteries de 12 volts logées dans le compartiment moteur, une de chaque côté.

Cet ensemble, offrant un rapport poids-puissance de 29,5 chevaux/tonnes, permet au VBL d'atteindre une vitesse maximale sur route de 95 km/h, de franchir une pente de 50 % et un devers de 30 %. L'autonomie du véhicule est de 600 km, ou 800 km avec le complément des deux jerrycans.

**Le moteur Peugeot XD 3T du VBL. Les différents éléments
sont ici visibles par les trois trappes présentes sur la plage avant
du véhicule.** *(Photo Yves Debay)*

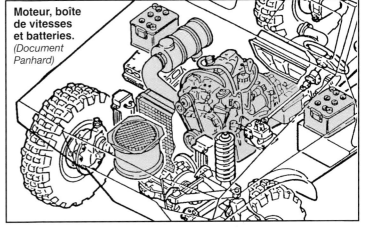

**Moteur, boîte
de vitesses
et batteries.**
*(Document
Panhard)*

1 - Vue générale du moteur.

2 - Détail du disque de frein arrière droit. Il occupe une place particulière, situé non pas sur la roue mais au bout de l'arbre de transmission transversal. Comme nous le voyons ici, il est protégé dans le logement de l'hélice.
(Photos Panhard)

3 - Vue rapprochée de l'hélice de propulsion utilisée lors des déplacements amphibies. Elle se situe à l'arrière du véhicule, au centre et au bout de l'arbre de transmission.

4 - Cette vue de la face interne de la roue arrière gauche permet d'apercevoir le boîtier contenant les engrenages du réducteur. Le point d'arrivée de l'arbre de transmission est également bien visible. On distingue enfin quelques détails de la suspension.
(Photos Eric Baltzer)

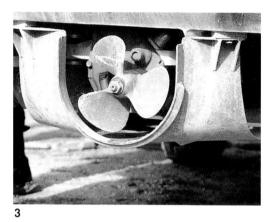

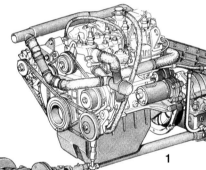

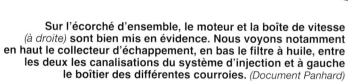

Sur l'écorché d'ensemble, le moteur et la boîte de vitesse *(à droite)* sont bien mis en évidence. Nous voyons notamment en haut le collecteur d'échappement, en bas le filtre à huile, entre les deux les canalisations du système d'injection et à gauche le boîtier des différentes courroies. *(Document Panhard)*

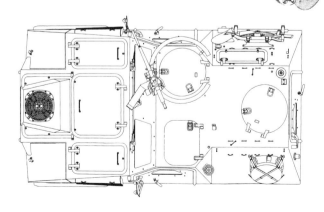

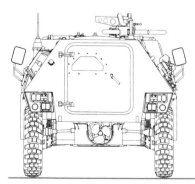

Les équipements

L E VBL EST PROTÉGÉ contre l'incendie par un extincteur manuel (de couleur vert armée), situé à l'avant sur la gauche du chef de bord. Mais cet extincteur a la particularité d'être connecté au compartiment moteur. Cette action, déclenchée automatiquement, est prioritaire sur toute autre utilisation.

Un poste radio peut être installé à bord du véhicule dans sa version de base. Il est disposé entre le pilote et le chef de bord sur la console centrale, fixé sur un châssis spécifique. Les antennes sont fixées derrière le pilote pour la première et sur le toit à l'arrière droit pour la seconde.

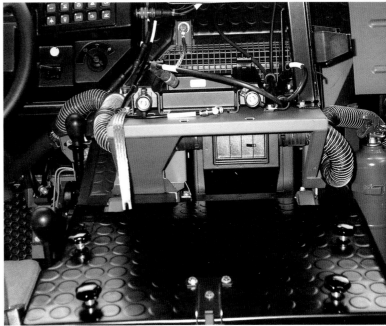

Ci-dessus. **Vue de la console centrale du VBL. Nous pouvons apercevoir entre autres le support du poste radio, les tuyaux de chauffage et l'extincteur. Les quatre « boutons » au premier plan servent à verrouiller le panneau supérieur de la console, panneau permettant d'accéder à la boîte de vitesses.**

À droite. **L'extincteur est disposé de façon à être utilisé manuellement par l'équipage. Il est cependant relié au compartiment moteur par le tuyau de raccordement noir que nous distinguons à son extrémité.** *(Photos Panhard)*

À gauche en haut. **Le poste radio sur sa platine. Ici un PR-4G dans un VBL de l'armée française.**

À gauche. **Vue intérieure du VBL, on voit bien la position centrale du poste radio.** *(Photo Y. Debay)*

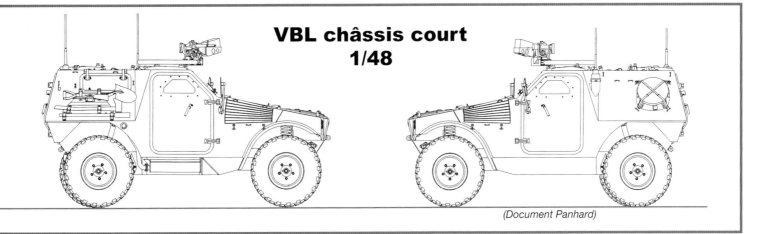

VBL châssis court
1/48

(Document Panhard)

Le franchissement

LE PASSAGE ET LA RECONNAISSANCE des coupures humides reste bien sûr un défi pour les unités d'éclairage. Aussi le VBL qui leur est destiné est-il particulièrement apte au franchissement. Néanmoins certains pays n'acquièrent pas ce dispositif, un pays désertique comme le Niger, par exemple, n'ayant nul besoin d'une aptitude à la traversée de cours d'eau.

Un équipage entraîné prépare le véhicule en deux minutes. Cette préparation consiste à placer divers équipements additionnels destinés à conserver au véhicule ses capacités motrices dans l'eau. Il faut pour cela placer deux plaques obturant les entrées d'air latérales, un tube prolongateur du pot d'échappement, un « clapet de sortie d'air »

sur la grille d'extraction d'air du moteur (qui est en fait une sorte de couvercle doté d'un clapet anti-refoulement) et un pare-lame à l'avant.

Une fois rendu amphibie, le VBL est propulsé dans l'eau à la vitesse de 1,5 m/s par une hélice placée en bout d'arbre de transmission, sous la porte arrière. À défaut, la propulsion peut se faire grâce aux roues, la vitesse étant alors de 0,9 m/s. Pour alimenter le moteur, l'air suit un chemin un peu particulier : il entre par les trappes de toit (qui sont donc systématiquement ouvertes lors de cette opération) puis accède au compartiment moteur par une trappe dans la console centrale.

Si les capacités amphibies ne sont pas utilisées, un passage à gué est possible jusqu'à une profondeur de 0,90 m.

À gauche. **Le « clapet de sortie d'air » recouvrant la grille d'extraction d'air du moteur et** (photo du bas) **le petit pare-lame monté à l'avant du véhicule.** (Photos É. Baltzer et Y. Debay)

À droite. **Préparation des engins de l'EEI 3 lors d'une manœuvre au printemps 2002 dans la région de Lyon. Pour les exercices, une bouée orange de sécurité est attachée au véhicule.** (Photo Yves Debay)

Ce VBL de l'armée portugaise est entièrement équipé pour le franchissement d'une coupure humide. Nous voyons le pare-lame, l'obturation des entrées d'air et le prolongateur du pot d'échappement. (Photo A. Do Carmo)

Cette série de photos présente des VBL de l'EEI 3 lors d'un exercice de franchissement près de Saint-Marcelin. En situation de combat, l'opération se ferait de nuit, les mesures de sécurité « temps de paix » et « temps de guerre » étant radicalement différentes. Ces clichés montrent bien qu'au moins une des trappes de toit doit rester ouverte pour alimenter le moteur en air. *(Photos Yves Debay)*

Nucléaire, bactériologique, chimique (NBC)

CONÇU EN PLEINE GUERRE FROIDE, le VBL est entièrement protégé contre la menace NBC. Son principal appareillage à cet égard est un système de filtrage de l'air (filtre au charbon) couplé à la surpression de l'habitacle, ce qui a pour effet d'empêcher l'air extérieur contaminé de pénétrer à l'intérieur. Ce dispositif est situé à l'arrière droit du véhicule, sous le plafond.

Le petit véhicule a aussi été pensé pour être protégé des effets d'une explosion nucléaire. Les vitres sont occultables grâce à de petits volets/rideaux en plastique maintenus par des velcros, qui servent à la fois à protéger l'équipage du « flash atomique », et à accroître la discrétion de l'engin en masquant la lumière interne.

Après des études en soufflerie, les ingénieurs de Panhard se sont aperçus que, sous un effet de souffle de l'intensité de celui d'une explosion nucléaire, les portes avaient tendance à s'enfoncer vers l'intérieur. Pour remédier à ce problème, deux talons anti-encastrement ont été rajoutés au niveau des portes.

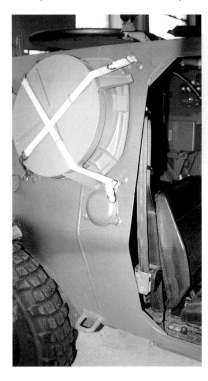

CI-contre, à gauche et à droite.
Ces clichés montrent la position des talons anti-encastrement destinés à contrer la force du souffle d'une explosion nucléaire pour éviter que les portes ne s'enfoncent vers l'intérieur. Ici sur un VBL à châssis long.
(Photos Panhard)

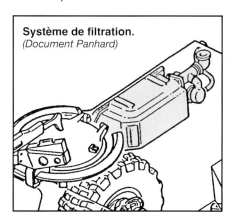

Système de filtration.
(Document Panhard)

CI-contre.
Les volets-rideaux sont vus ici en position fermée sur le pare-brise et ouverte sur la vitre de la porte du pilote. Chaque vitre en est bien sûr équipée.
(Photo Panhard)

CI-dessous, à gauche et à droite.
Détails du système de filtration et de surpression dont est équipé le VBL. Il se situe en haut de l'habitacle à l'arrière droit. L'intérieur est mis en surpression pour empêcher l'air extérieur de pénétrer à bord du véhicule et l'air nécessaire à la vie de l'équipage est filtré par un filtre au charbon.

VBL châssis court
1/35

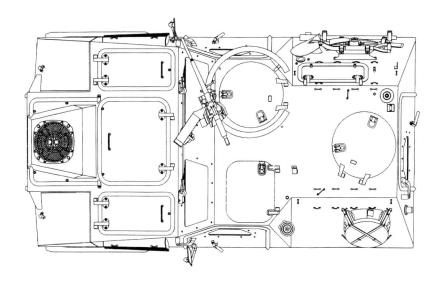

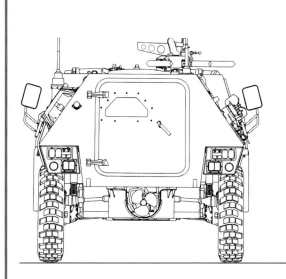

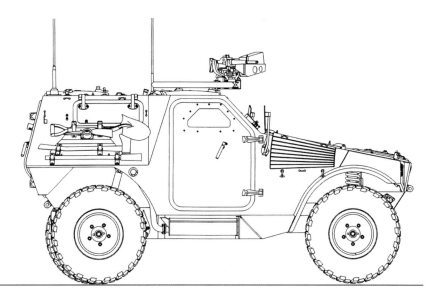

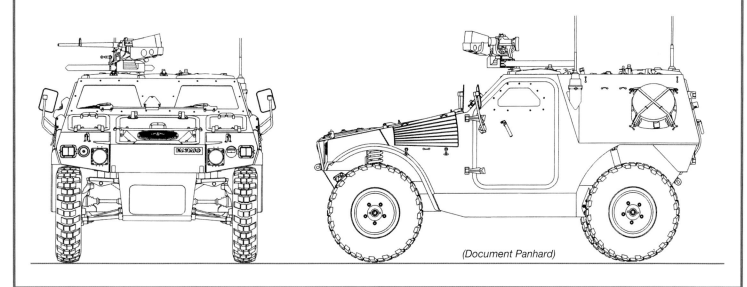

(Document Panhard)

15

Tombé du ciel

TOUT LE GÉNIE du VBL réside dans sa conception qui en a fait le premier véritable blindé ultra léger moderne. Contrairement à la jeep, non blindée, le VBL met son équipage à l'abri de la ferraille du champ de bataille et le protège de la menace NBC.

Le compromis parfaitement réussi entre blindage, mobilité et légèreté lui ouvre également la voie des airs, même si ces moyens de déploiement restent assez marginaux. La troisième dimension offre au VBL les modes de transport et d'utilisation tactique suivants :

Aérotransport : deux VBL peuvent être convoyés par un avion du type C-130 Hercules.

Aérolarguage : un VBL peut être extrait de l'avion à basse altitude grâce à un parachute de freinage (LAPES).

Parachutage : un VBL peut être directement parachuté sur une plate-forme spécialement adaptée avec des briques de carton.

Hélitreuillage : dans certaines conditions, le poids du VBL lui permet d'être transporté sous élingue par un hélicoptère lourd.

Toutes ces techniques ont été testées opérationnellement par le 1er régiment de hussards parachutistes (voir aussi pp. 84-85).

Ci-dessus et ci-contre. **En temps de guerre, à peine cinq minutes seront nécessaires pour libérer ce VBL de son conditionnement « air ».** *(Photos Panhard)*

Ci-dessous. **Cette séquence présente l'aérolargage par éjection d'un VBL. Le choc est rude mais l'engin tiendra le coup. Le véhicule, monté sur palette, est extrait de la soute de l'avion à très basse altitude par un parachute spécifique, système LAPES (Low Altitude Per Extraction System).**

Parachutage d'un VBL sous des voiles PL-11 de 730 m² chacune. Le largage se fait généralement avant celui des personnels. *(Photo Panhard)*

À gauche. **Autre forme d'aérotransport, le voyage en soute. Ici un VBL français débarque d'un Il-76 russe à Sarajevo en 1993.** *(Photo Yves Debay)*

À droite. **Essai de transport sous élingue. Cette technique nécessite un hélicoptère lourd, ici un Super Puma.** *(Photo Panhard)*

*E*N DEHORS DU VBL à châssis long, il n'existe pas de versions à proprement parler de l'engin telles que l'on peut en trouver pour un char de combat par exemple.

En effet, l'armement et l'aménagement intérieur sont fonction des besoins de l'utilisateur. On note cependant des constantes, qui correspondent à l'utilisation faite par l'armée française. Ce sont ces véhicules que nous allons décrire ici.

Version de base (7,62 mm)

*E*N CE QUI CONCERNE L'ARMEMENT, la version de base est équipée d'une mitrailleuse de 7,62 mm (ANF1 alimentée à 3 000 coups en France) montée sur un rail circulaire au-dessus de l'emplacement du chef de bord. Initialement 12 APILAS, arme antichar consommable de 112 mm, pouvaient être emportés à l'arrière dans la caisse, mais l'APILAS est désormais, dans bien des cas, remplacé par un ERYX.

Versions 12,7 mm

*P*OUR SES MISSIONS de reconnaissance, le VBL est armé à l'origine — comme on vient de le dire — d'une mitrailleuse de 7,62 mm. Mais l'expérience des Balkans a démontré la nécessité de disposer d'une puissance de feu supérieure. Aussi a-t-on vu apparaître dans les escadrons d'éclairage une nouvelle version du VBL, armée d'une mitrailleuse de 12,7 mm Browning M-2 HB. La dotation en munitions de l'arme est de 1 200 coups.

Ci-dessus. **L'armement de base est constitué d'une mitrailleuse de 7,62 mm montée sur un rail circulaire au-dessus de l'emplacement du chef de bord.** *(Photo Yves Debay)*

Ci-dessous. **Vue générale d'un VBL équipé du CTM-105.** *(Photo Panhard)*

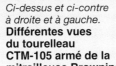

Ci-dessus et ci-contre
à droite et à gauche.
**Différentes vues
du tourelleau
CTM-105 armé de la
mitrailleuse Browning de 12,7 mm. Le premier
défaut de ce tourelleau est d'obliger le tireur
à s'exposer trop en dehors de la protection, ceci
en raison de son exiguïté. Il est reconnaissable
notamment à l'arceau que l'on voit de face
et sur le côté droit.** *(Photos Yves Debay et Panhard)*

L'arme est montée dans un tourelleau installé au-dessus de la trappe de toit arrière, tourelleau qui entraîne un déplacement du centre de gravité du véhicule. Selon ses utilisateurs, c'est là un des rares problèmes posés par l'emploi du VBL mais, à la décharge de Panhard, il ne s'agit pas d'un défaut de conception puisque ce système d'arme est un ajout ultérieur.

À l'origine, le VBL a été équipé du tourelleau CTM-105 de la SAMM, mais ce dernier a été rapidement remplacé par le PL 127 de Panhard, qui assure une meilleure protection.

La mitrailleuse de 7,62 mm d'origine est, dans la plupart des cas, retirée.

Ci-dessus. **Détail du tourellerau PL 127 sur un véhicule d'exposition aux couleurs de la garde nationale koweiti.**

Ci-dessous. **VBL équipé du tourelleau PL127 construit par Panhard, appelé à remplacer le CTM-105. Les derniers véhicules de production en sont équipés d'origine.** *(Photos Panhard)*

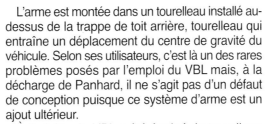

**Le tourelleau PL 127 armé de
la mitrailleuse de 12,7 mm.
On reconnaît le PL 127
à la forme pointue
de son bouclier
vu de profil.**

VBL 12,7
1/48

(Document Panhard)

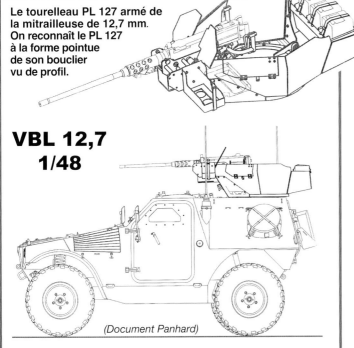

VBL MILAN

L A VERSION ANTICHAR du VBL est dotée d'un poste de tir MILAN, monté sur un véhicule à châssis court. Ce poste est tout à fait indépendant du véhicule et n'est mis en batterie à l'arrière du blindé que pour le tir. En configuration route, le poste de tir est simplement déposé et mis à l'abri à l'intérieur. Suivant le contexte tactique, l'arme peut être aisément retirée du véhicule pour une utilisation à terre. La dotation de combat du VBL MILAN est de six missiles. L'engin comprend un équipage de trois hommes : le pilote, le chef de bord (qui fait également office de chef de pièce), et le tireur installé à l'arrière.

L'armement est complété par la mitrailleuse présente sur la version de base, c'est-à-dire la 7,62 mm.

Ci-dessus. **Dans cette configuration, le VBL est un véritable poste de tir MILAN mobile. Sa silhouette de faible hauteur et une esquive rapide lui permettent de mener efficacement un combat antichar retardateur.** *(Photo Panhard/C. Dumont)*

Ci-contre.
**VBL MILAN du 1er RHP
à Canjuers.** *(Photo Yves Debay)*

Ci-dessous.
**En Bosnie, ce VBL de l'EED 10
a pris position.** *(Photo Yves Debay)*

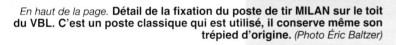

En haut de la page. **Détail de la fixation du poste de tir MILAN sur le toit du VBL. C'est un poste classique qui est utilisé, il conserve même son trépied d'origine.** *(Photo Éric Baltzer)*

Ci-dessus. **Montage du poste MILAN sur le toit d'un VBL avant une séance au pas de tir.** *(Photo Panhard/C. Dumont)*

En haut à droite. **Vue générale de l'installation MILAN sur le toit d'un VBL.**

Deux photos ci-contre. **Dans sa version MILAN, le VBL emporte six missiles, rangés par trois de chaque côté du compartiment arrière. Nous voyons également le logement du poste de tir.** *(Photos Yves Debay)*

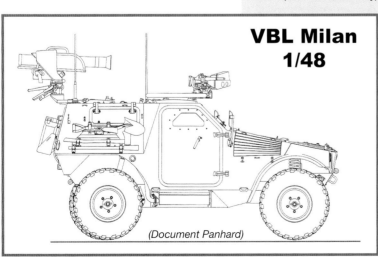

VBL Milan
1/48

(Document Panhard)

Ce VBL long vu en avril 2002 à Mourmelon appartient à la 1re brigade mécanisée. Il porte encore le sigle de la KFOR. *(Photo Éric Baltzer)*

VBL long (ou VB2L)

L E CAHIER DES CHARGES initial de l'armée de terre préconisait un VBL ne dépassant pas trois tonnes. Panhard réussit à convaincre les militaires que, techniquement, le poids d'un VBL fiable ne pouvait se situer au-dessous des trois tonnes initialement exigées. De ce fait, les deux versions de base adoptées par l'armée française se situent à 3,5 tonnes.

En outre, Panhard développe également, mais sur fonds propres et pour l'exportation, un VBL plus long atteignant 4 tonnes, qui va connaître un succès aisément prévisible : en effet, la place gagnée permet d'augmenter la capacité d'emport et de développer plus aisément des versions spécialisées.

L'armée française a adopté elle aussi le châssis allongé, et la dernière commande de 500 VBL, passée en 2002, porte d'ailleurs uniquement sur des châssis long. Elle s'ajoute à un premier marché de 200 VBL PC remontant à 1996.

Dans cette version, le véhicule est rallongé de 21 cm. Il en résulte une modification de la caisse affectant le compartiment arrière. Les

parois latérales sont moins inclinées, ce qui supprime le renfoncement derrière les postes du pilote et du chef de bord. Le rallongement lui-même est visible entre la porte latérale et la roue arrière. Sur le toit, la trappe n'est plus ronde et centrée mais rectangulaire et déportée sur la droite, et elle ouvre vers l'avant.

À l'intérieur, c'est le poste arrière qui est affecté par l'allongement de l'engin. Ce compartiment, désormais plus vaste, accueille un deuxième siège et une tablette rabattable. Les sièges sont à droite et la tablette à gauche. Cette disposition est celle retenue pour la version PC, la plus couramment utilisée, mais elle peut être modifiée au gré des besoins de chaque utilisateur.

Au chapitre des équipements, la direction assistée est maintenant de série. De plus, deux postes radio supplémentaires peuvent être installés à l'arrière. L'agencement du lot de bord se trouve également modifié.

Les différents systèmes d'arme détaillés précédemment peuvent également être installés sur la version allongée du VBL.

Ci-dessus. **L'intérieur du VBL long (VB2L) dans sa version PC. On remarque la tablette à gauche et le positionnement des deux sièges arrière. Le poste de conduite reste le même que sur le VBL à châssis court.** *(Photo Éric Baltzer)*

Ci-contre. **Météo pluvieuse pour ce VB2L de la 1re brigade mécanisée vu au camp de Mourmelon en avril 2002. Ces deux photos montrent bien l'allongement de l'engin entre la porte et la roue arrière. Il en résulte une modification mineure des formes de la caisse, bien visibles ici aussi. L'agencement du lot de bord est également modifié : ici la « boîte » du « clapet de sortie d'air » est passée du côté droit.** *(Photos Éric Baltzer)*

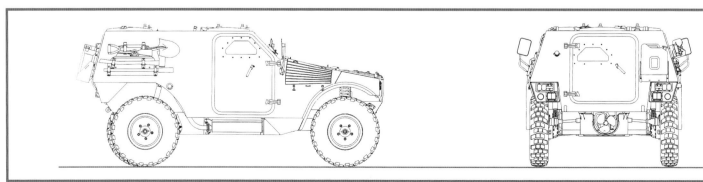

À droite.
Détail de l'emplacement particulier d'une des antennes (généralement trois sur un PC) à l'avant. Sur la version d'origine, elle est placée après la porte ; ce changement est dû à la suppression du renfoncement d'origine.
(Photo Éric Baltzer)

Ci-dessus. **Dans l'armée française, chaque chef de corps dispose de son VBL. La version longue est bien sûr mieux adaptée au commandement que la version d'origine. Ici, lors de l'opération Pamir en Afghanistan, le VB2L du chef de corps du 21e RIMa quitte l'aéroport de Kaboul, en avril 2002. Il porte les marquages de l'ISAF (International Stabilisation Afghanistan Force).**
(Photo Yves Debay)

Ci-dessus.
Ces deux vues d'ensemble montrent l'agencement du toit du nouveau véhicule.
(Photos Panhard)

Ci-contre. **Comparaison entre le VBL court (au premier plan) et le VBL long.** *(Photo Yves Debay)*

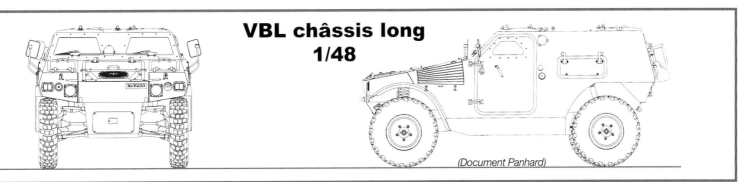

VBL châssis long
1/48

(Document Panhard)

VBL châssis long
1/35

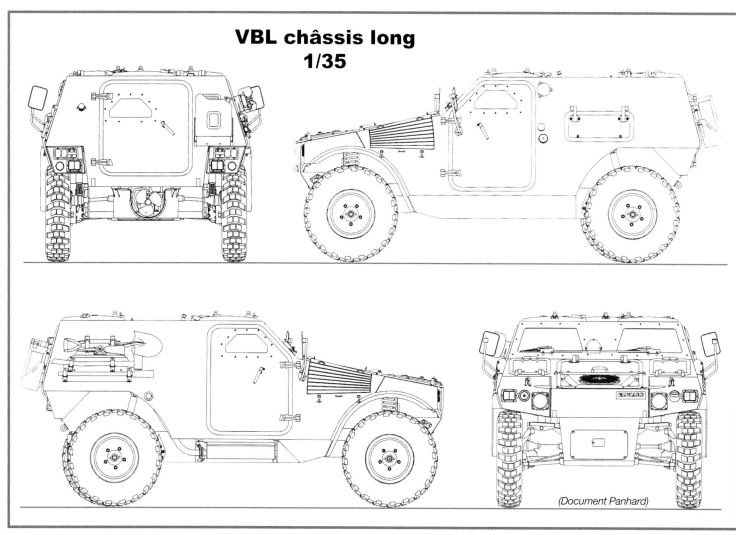

(Document Panhard)

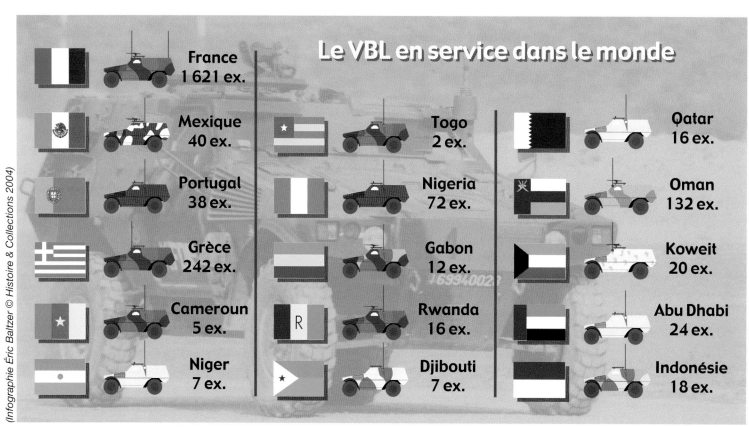

Le VBL en service dans le monde

France 1 621 ex.				
Mexique 40 ex.	Togo 2 ex.	Qatar 16 ex.		
Portugal 38 ex.	Nigeria 72 ex.	Oman 132 ex.		
Grèce 242 ex.	Gabon 12 ex.	Koweit 20 ex.		
Cameroun 5 ex.	Rwanda 16 ex.	Abu Dhabi 24 ex.		
Niger 7 ex.	Djibouti 7 ex.	Indonésie 18 ex.		

(Infographie Éric Baltzer © Histoire & Collections 2004)

LE VBL DANS L'ARMÉE FRANÇAISE

Les débuts du VBL au sein des escadrons d'éclairage divisionnaire (EED)

L'HISTOIRE OPÉRATIONNELLE DU VBL dans l'armée de terre française débute en 1989. Comme nous l'avons vu, quinze exemplaires d'avant-série sont testés cette année-là, puis la première formation à se voir doter officiellement de VBL est l'escadron d'éclairage de la Brigade franco-allemande. Ensuite, au fur et à mesure de la livraison des 569 véhicules du premier marché, les VBL équipent les escadrons d'éclairage divisionnaire (EED) des 1re, 2e et 10e DB, et de la 6e DLB.

La mission de ces EED est bien sûr la reconnaissance au profit de la division et les VBL, du fait de leur silhouette basse et de leur discrétion, sont particulièrement bien adaptés à l'éclairage divisionnaire sur le théâtre Centre Europe.

L'EED comprend alors un peloton de commandement, trois pelotons VBL et un peloton RASIT (radars destinés à repérer les mouvements ennemis, installés sur camions légers Marmon ou Renault). Chaque peloton VBL comprend cinq patrouilles, réparties en :

— une patrouille de commandement avec VBL armés de mitrailleuses ANF1 de 7,62 mm ;

— trois patrouilles de reconnaissance mêlant VBL dotés de mitrailleuses M-2 de 12,7 mm et VBL transportant en soute des lance-roquette APILAS de 112 mm ;

— une patrouille antichar avec trois VBL dont deux armés de postes de tir MILAN.

Les VBL entrent également en service au sein des régiments de cavalerie légère de la 6e DLB et de la 9e DIMa.

On peut regretter que le nouveau VBL, symbole de la technologie française, n'ait pas pris part à la Guerre du Golfe, ce qui eût sans doute assuré son succès commercial immédiat en Arabie saoudite. La raison en est qu'à l'époque le véhicule venait d'entrer en service et ne disposait pas encore d'équipages professionnels susceptibles d'être engagés au combat.

Avec la restructuration de l'armée de terre sur le modèle Armée 2000 à la fin des années quatre-vingt-dix, restructuration suivie de la disparition des divisions au profit de brigades mieux adaptées aux besoins de l'après-guerre froide, l'escadron d'éclairage divisionnaire suivra le mouvement et se changera en escadron d'éclairage et d'investigation (EEI).

Ci-dessous. **Un VBL du 1er RIMa débarque lors de l'exercice Maestrale 92.** *(Photo Yves Debay)*

En 1997, des VBL de l'EED 10 passent devant une colonne d'AMX-30B2 BRENUS de la 10e DB, aujourd'hui dissoute. *(Photo Yves Debay)*

ORGANIGRAMME DE L'EED

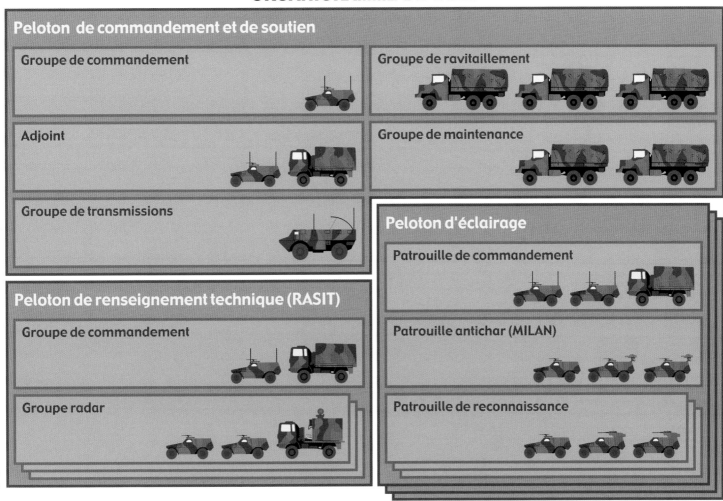

Peloton de commandement et de soutien

- Groupe de commandement
- Adjoint
- Groupe de transmissions
- Groupe de ravitaillement
- Groupe de maintenance

Peloton de renseignement technique (RASIT)

- Groupe de commandement
- Groupe radar

Peloton d'éclairage

- Patrouille de commandement
- Patrouille antichar (MILAN)
- Patrouille de reconnaissance

(Infographie Éric Baltzer © Histoire & Collections 2004)

Le VBL à Beyrouth
Expérimentation dans l'urgence

EN 1984, LA FRANCE est impliquée au Liban dans le cadre de la FINUL, pour une difficile opération de maintien de la paix dans un bourbier libanais où les règles d'engagement sont floues. L'une des missions dangereuses assignées aux Casques Bleus français est l'observation des lignes de front sur la « ligne verte » à Beyrouth. Très souvent, les voitures de liaison P-4 utilisées à cette fin sont prises sous le feu des snipers. L'absence de blindage handicape largement les observateurs français qui essuient les tirs et verront blesser plusieurs des leurs.

À la même époque, l'armée de terre suit avec attention le programme VBL — puisqu'il lui est théoriquement destiné — mais les crédits n'ont pas encore été alloués. Panhard, de son côté, vient de lancer la construction en série des 40 premiers VBL destinés au Mexique, premier client du nouveau blindé. Ce paradoxe a le don d'agacer les militaires français engagés au combat dans leurs jeeps ou P-4. Aussi, dans l'urgence, trois VBL destinés au Mexique sont cédés à l'armée de terre et prennent la direction du Levant où ils sont immédiatement affectés à un peloton d'observateurs détachés du 1er RHP. Les hussards parachutistes vont tout de suite comprendre qu'ils viennent de percevoir « le » matériel dont ils avaient besoin, parfaitement adapté à leur mission. Leurs rapports élogieux sur l'utilisation du VBL en zone de combat amèneront l'état-major à signer un contrat pour une première tranche de 569 véhicules. On peut ainsi affirmer qu'avant même d'entrer en service officiellement au sein de l'armée de terre, le VBL avait fait ses preuves en opérations.

Ci-dessus. **L'insigne du peloton d'observateurs du 1er RHP détaché à Beyrouth associe divers éléments : insigne de Bercheny Hussards, brevet parachutiste et cèdre du Liban, mais aussi la silhouette (fort approximative) et le sigle de leur monture, le tout nouveau véhicule blindé Panhard.** *(Coll. Baltzer)*

En haut de la page. **Les premiers VBL de l'armée française portent la livrée blanche de la paix. Le grand drapeau tricolore est bien visible sous tous les angles.**

Ci-dessus. **Ambiance « sacs de sable » dans le chaudron libanais… une ambiance que le VBL retrouvera à Sarajevo. Le contraste entre la Jeep ouverte à tous les vents et le VBL protégé est ici évident.**

Page ci-contre. **Patrouille sur les hauteurs de Beyrouth. Les trois VBL de la FINUL se distinguent, comme les engins mexicains (voir p. 98), par leur deux grilles circulaires d'extraction d'air sur le glacis avant.**

Ci-dessus à droite et ci-contre. **Le peloton d'observateurs est basé à la Résidence des Pins, un endroit copieusement bombardé durant les événements de Beyrouth.**
(Photos observateurs 1er RHP)

EE BFA

Pour la Brigade franco-allemande, les premiers VBL opérationnels

C'EST À LA TOUTE NOUVELLE Brigade franco-allemande (BFA) [1], unité très symbolique, que sont livrés les premiers « vrais » VBL opérationnels de l'armée de terre.

Affectés à l'escadron d'éclairage de la brigade (EE BFA), leur première sortie officielle s'effectue à La Courtine en avril 1991, à l'occasion du premier camp de tir de la BFA. Trois mois plus tard, alors que la Yougoslavie s'embrase, l'escadron participe à la manœuvre de la Brigade, Albe 91, qui voit également le baptême opérationnel du Wiesel, le petit chenillé aérotransportable des paras allemands. L'escadron, basé à Böblingen dans la Forêt Noire, est organisé comme un EED avec 36 VBL répartis en trois pelotons d'éclairage. Chaque peloton dispose de trois patrouilles d'éclairage, une patrouille MILAN et une patrouille de commandement.

En haut de la page. **Comme son insigne le suggère, l'EE BFA a repris les traditions du 8e groupe d'automitrailleuses du Levant.**

Ci-contre. **Sur une route du centre de la France, un VBL croise un camion de la Bundeswehr.**

Ci-dessous. **Première sortie opérationnelle pour le VBL. L'escadron d'éclairage de la BFA reconnaît le village de combat du camp de La Courtine en avril 1991. Le bariolage Centre Europe est bien adapté au terrain.** *(Photos Yves Debay)*

Suite à la réorganisation de l'armée de terre, l'escadron d'éclairage de la BFA deviendra un escadron de reconnaissance et d'intervention antichar (ERIAC) en 1997.

1. L'état-major de la BFA est officiellement créé le 12 janvier 1989 mais la brigade n'est opérationnelle qu'en octobre 1990.

Ci-dessus. **Des VBL flambant neufs pour la nouvelle unité européenne qu'est la BFA.**

Ci-contre. **Ce VBL a été vu à La Courtine lors de la première sortie de la BFA. Quelques branches ont été ajoutées afin de briser la silhouette du véhicule, mais c'est surtout sur la furtivité du VBL que compte l'équipage en cas de problème.** *(Photos Yves Debay).*

SOUS LA CROIX DE FER

À LA FIN DES ANNÉES QUATRE-VINGT, l'Allemagne est à la recherche d'un véhicule blindé de reconnaissance profonde. Afin de contrer la supériorité matérielle et numérique des forces de l'Est, cet engin devra pouvoir être fortement armé et doté d'un équipement radio conséquent. C'est dans cette optique que la Bundeswehr essaie le VBL. La chute du Pacte de Varsovie annulera ce projet d'acquisition et mettra fin à une longue série de tests. *(Photo Panhard/J.-P. Demange).*

EED 6

Avec les spahis, « cavaliers du soleil »

L E DÉBUT DES ANNÉES quatre-vingt-dix voit l'armée de terre française en pleine restructuration, du fait de la dislocation du Pacte de Varsovie qui change la donne sur le plan géostratégique. La menace d'un conflit Est-Ouest s'estompant progressivement, de nombreux régiments vont disparaître tandis qu'un basculement des forces va s'effectuer en faveur des garnisons composées d'unités d'intervention basées dans le sud de la France.

C'est dans ce contexte qu'un escadron d'éclairage divisionnaire est attaché à la 6ᵉ division légère blindée (6ᵉ DLB), alors que ce type d'unités était jusqu'alors réservé aux seules divisions blindées appelées à s'opposer à la formidable masse blindée du Pacte de Varsovie. Grande unité composée de troupes d'élite professionnalisées, la 6ᵉ DLB est alors le poing blindé de la FAR et vient de

En haut de la page. **L'insigne de l'EED 6 est en fait celui de l'EED 3. Créé en 1978, l'EED 3 était alors rattaché au 3ᵉ dragons stationné à Stetten-am-Kalten Markt. En tant qu'unité de la 3ᵉ DB, dépositaire des traditions de la 3ᵉ DIA de la Libération, l'EED 3 était héritier du 3ᵉ RSAR (spahis algériens de reconnaissance), d'où son insigne.**

Ci-dessous. **Les VBL de l'EED 6 débarquent d'un EDIC par grosse mer en Andalousie lors de l'exercice Tramontana 94.** *(Photo Y. Debay)*

s'illustrer dans la Guerre du Golfe, mais elle ne dispose pas encore de moyens de reconnaissance réellement appropriés [1].

C'est donc le 1ᵉʳ septembre 1994 qu'est créé l'EED 6, unité organique à part entière, directement placée sous les ordres du général commandant la 6ᵉ DLB. L'escadron est rattaché administrativement au prestigieux 1ᵉʳ régiment de spahis stationné à Valence, mais ses personnels proviennent de l'EED 3 qui était l'escadron d'éclairage de la 3ᵉ DB, grande unité des forces françaises en Allemagne, à présent dissoute.

À son passage à Valence, le nouvel EED abandonne ses jeeps pour des VBL flambant neufs peints en bariolage sable et brun. Au milieu des spahis de Valence cultivant les traditions marocaines, l'EED 6 gardera l'esprit des spahis algériens.

Avec le passage de division à brigade, l'EED 6 sera transformé en EEI 6 mais, pour des raisons d'infrastructure, de personnel et de réorganisation, c'est le 1ᵉʳ régiment étranger de cavalerie qui, en été 1998, héritera des missions d'éclairage au sein de la 6ᵉ BLB.

---

1. Pendant le premier conflit d'Irak, faute de réels moyens d'éclairage, ce sont les hussards parachutistes prélevés sur la 11ᵉ DP qui ont « éclairé, jalonné et flanqué » la division Daguet.

En haut de la page. **L'exercice Tramontana 94 est la première grande sortie de l'EED 6. Les VBL de l'escadron participent à un assaut amphibie sur l'Andalousie aux côtés de forces espagnoles** *(dont un CTM est visible au second plan)* **et italiennes. On notera le bariolage sable et brun parfaitement adapté à l'aridité des sierras espagnoles, et la présence du lot de bord complet sur le VBL. Celui-ci aura besoin d'un sérieux nettoyage pour éviter la corrosion.**

Ci-dessus et ci-contre. **L'ECR (écran de camouflage rapide) — c'est-à-dire le filet de camouflage — sert à briser la silhouette du véhicule. La photo du centre illustre parfaitement l'une des missions des EED : la saisie d'un carrefour.** *(Photos Yves Debay)*

EBLE 94
Passage de la Seine pour l'EED 2

Le célèbre insigne de la 2e DB,
auquel l'EED 2 était rattaché.

EN 1993, L'EED 2 VOIT SES 4x4 P-4 remplacés par le nouveau VBL. Comme c'est le cas dans toutes les unités qui perçoivent le dernier né de Panhard, les équipages sont ravis.

L'engin est bien plus nerveux que le P-4, un peu poussif. Il est doté d'un système NBC et les éclaireurs sont désormais à l'abri de la « ferraille du champ de bataille ». La silhouette et la taille du véhicule permettent de le camoufler aisément. Les éclaireurs de la prestigieuse 2e DB ne vont pas tarder à essayer leur nouveau blindé sur le terrain et notamment durant l'exercice EBLE 94, grande manœuvre en terrain libre qui voit évoluer la « division Leclerc » dans un cadre tactique des plus classique. Le point fort de cet exercice est le franchissement de la Seine à Château-Gaillard. Bien qu'ils soient totalement amphibie, les VBL de l'EED 2 franchiront la coupure sur des portières Gillois mises en œuvre par le génie.

Page ci-contre, en haut. **Un VBL de l'EED 2 attend son tour pour franchir la Seine, alors que s'éloigne une barge chargée d'AMX-10P du RMT (régiment de marche du Tchad) de la 2e DB.**

Page ci-contre, en bas. **Un VBL s'engage sur un bac Gillois.**

Ci-dessous. **Sur le site historique de Château-Gaillard, les VBL de l'EED 2 traversent la Seine sur un bac du génie.** *(Photos Yves Debay)*

Baptême du feu
Mission difficile sous la livrée de l'ONU

A L'ÉTÉ 1991, POUR LA PREMIÈRE FOIS depuis la Seconde Guerre mondiale, un conflit éclate en Europe. Les événements de Lubjana vont provoquer l'implosion de la Yougoslavie et les guerres d'indépendance slovène, croate et bosniaque. Dans un premier temps, l'Occident ne réagit pas mais, face à l'aggravation croissante de la situation, l'ONU met en place, d'abord en Croatie puis en Bosnie, une mission d'interposition dénommée UNPROFOR (FORPRONU). Ce sera une mission difficile : des ordres flous, en totale contradiction avec la réalité du terrain, des conditions d'engagement tout à fait inadaptées aux mentalités des belligérants qui vont humilier et quelquefois tirer sur les casques bleus.

Avec les Frenchbat (bataillons français), le VBL fait son entrée sur le théâtre d'opérations des Balkans. Enthousiasmé par les performances du petit blindé de Panhard, le premier commandant de la FORPRONU à Sarajevo, le général canadien McKenzie l'adopte immédiatement. Le VBL devient même un outil de la diplomatie onusienne puisqu'il fait très souvent le trajet avec passage de ligne entre l'aéroport sous contrôle de l'ONU et la résidence du président bosniaque Itzebegovic ou le QG des forces serbes à Pale.

Le VBL joue également un rôle involontaire de diplomate avec l'armée française. Lorsque les miliciens de tous bords, en général bien éméchés, voient arriver un VBL, ils savent qu'ils vont discuter avec une « huile » et agissent en conséquence. Serbes et Bosniaques donneront au VBL le surnom de « grenouille ».

En juin 1995 éclate la crise des otages, qui verra les Serbes s'emparer par surprise d'un petit nombre de VBL et de Sagaie qu'ils réutiliseront notamment dans la bataille des poches.

Ils semblerait qu'un VBL ait été détruit au combat près de Sebrenica.

Avec l'arrivée de la FRR (Force de réaction rapide) de l'OTAN, suivie de l'IFOR, les choses vont radicalement changer. Les VBL perdront leur livrée blanche de l'ONU pour retrouver leur camouflage et, du même coup, la mission pour laquelle ils sont conçus, le combat.

Ci-dessus et ci-contre.
L'un des premiers VBL utilisés sous la livrée de l'ONU fut celui du général canadien McKenzie, premier commandant de la FORPRONU. Le général fut tellement enthousiasmé par le petit blindé qu'il souhaita le voir entrer en service dans l'armée canadienne, ce qui hélas ne se fera pas. Nos deux documents montrent le VBL du général devant la présidence bosniaque dans le centre ville *(ci-dessus)* **et à l'aéroport de Sarajevo.**
(Photos Yves Debay)

Mission Yankee en Krajina

EN AVRIL 1992, UNE LONGUE COLONNE de VAB précédée par quelques VBL arrive en Krajina.

Le bataillon français prélevé sur les effectifs de la 9e DIMa va se déployer pour faire respecter le cessez-le-feu entre Serbes et Croates et veiller à l'application de la résolution 743 de l'ONU. Pendant plus d'un an, les marsouins arpenteront les pistes de cette région montagneuse bourrée de mines et où rien n'est réglé. Le VBL est particulièrement utile pour effectuer les liaisons entre les sections quelquefois séparées par plus de 50 kilomètres.

En janvier 1995, les Croates attaquent et libèrent la Krajina.

Ci-contre. **Un VAB et un VBL devant le PC de la 4e compagnie du 2e RIMa.**

Ci-dessous. **Appuyés par un VAB et un VBL, des marsouins fouillent une ferme abandonnée sur la « route Napoléon », à près de 1 200 mètres d'altitude. Il règne là une atmosphère oppressante, l'endroit est sans doute truffé de mines.**

En encadré. **Sa mission accomplie, un VBL regagne le PC de la section près de Drniss. Dans l'arbre flotte un drapeau serbe : provocation ou patriotisme...** *(Photos Yves Debay)*

Sur l'aéroport de Sarajevo

L A VISITE « HISTORIQUE » du président Mitte-
rand à Sarajevo en juin1992 va permettre l'intervention de la FORPRONU dans cette ville déjà si
lourdement marquée par l'Histoire.

Les Serbes cèdent l'aéroport aux forces françaises
et canadiennes qui, sous le casque bleu, vont essayer
de démêler une situation des plus complexe. Choisi
comme principale base de l'ONU, cet aéroport est situé
entre les lignes, ce qui transfomera les soldats de la
paix en assiégés potentiels.

Aux marsouins du RICM succède la Légion qui va
utiliser sur place quelques VBL. Ces engins tout neufs
vont rapidement voir leur belle couleur blanche éra-
flée par les éclats et les balles...

En haut de la page. **Comme le prouve
sa peinture intacte, ce VBL vu
devant l'aéroport de Sarajevo
en janvier 1993 vient d'arriver
sur le théâtre d'opérations.**

Ci-dessus. **Le VBL, ici avec
des légionnaires du 2e REP,
est l'engin idéal pour visiter, à l'abri
des tirs, les positions sur l'aéroport.**

Ci-contre. **Avant l'arrivée de
la Sagaie plus sérieusement armée,
le couple VAB / VBL sera l'élément
blindé le plus caractéristique
des French Bat de la FORPRONU.**
(Photos Yves Debay)

Sarajevo : Frenchbat 2 et Frenchbat 4

L'ÉTÉ 1993 VA VOIR le dispositif français à Sarajevo s'étoffer et s'étendre, sans néanmoins réussir à régler les problèmes de la ville symbole assiégée. Au Frenchbat 2 situé à l'aéroport (personnel du 2e REI) va s'ajouter un Frenchbat 4 (personnel du 21e RIMa) situé directement en ville dans les bâtiments de la Skanderija, l'ancienne patinoire olympique. « Drakkar[1] dans la cuvette de Dien Bien Phu ! » diront certains marsouins.

De ces positions, VAB, VBL et Sagaie partent en patrouille. Deux VBL sont détruits par un bombardement serbe sur le parking de l'hôpital de Zetra, une position que le commandement serbe ne voulait pas voir au main des Français car elle commande les seuls axes permettant aux blindés du général Mladic d'atteindre le centre ville. Les casques bleus français ne se laisseront pas impressionner.

Dans Sarajevo, le VBL se révèle l'instrument idéal pour les liaisons. Sa silhouette basse et sa rapidité lui permettent de foncer sur « Sniper Alley »... le blindage mettant l'équipage à l'abri des snipers de tout poil qui font des cartons sur tout ce qui bouge.

Au printemps 1995, l'Armija bosniaque lance une série d'attaques afin de dégager Sarajevo. Cette offensive, qui se solde par un échec militaire, va néanmoins provoquer des tirs de représailles sur les

1. Allusion à l'attentat contre l'immeuble de Beyrouth dans lequel 58 paras français de la 3e compagnie du 1er RCP trouvèrent la mort le 23 octobre 1983.

Nos photos. **À l'été 1993, les spahis vont, aux côtés du 21e RIMa, tenter de redonner un semblant de vie à Sarajevo. ici, un important déploiement de forces comptant VBL, VAB et Sagaie est utilisé pour protéger des techniciens rétablissant l'électricité dans un quartier de la périphérie.** *(Photos Yves Debay)*

Ci-dessus. **VBL de l'escorte du général Gobillard, patron du contingent français en 1995, sur « Sniper Alley » à Sarajevo. Au second plan se dresse l'hôtel Holyday Inn où logeait la presse internationale pendant le siège.** *(Photo Yves Debay)*

Ci-contre. **Muni d'une antenne GPS, ce VBL du 1er RHP est en patrouille dans la poche de Bihac. Au fond sur la colline se découpe la forteresse médiévale de Velika Kladusa, tenue par un important chef de guerre bosniaque. Les patrouilles permanentes du RHP contribueront à maintenir un certain calme dans l'enclave.** *(Photos Yves Debay)*

principales villes bosniaques et un bombardement d'avertissement de l'OTAN sur Pale.

La réaction serbe est extrêmement violente et 167 casques bleus sont pris en otage. Les Serbes s'emparent également de 16 blindés dont des VBL. Suite à un nouveau bombardement sur Pale, l'armée serbe se considère en guerre contre l'ONU. Le coup de main des Tchekniks sur le pont de Vrbanja entraîne une contre-attaque du 3e RIMa et l'envoi de la FRR (Force de réaction rapide) sur Igman. Ainsi s'achève le temps des VBL en livrée immaculée, place au matériel de guerre sous des couleurs plus appropriées.

Dans la poche de Bihac

PEUPLÉE À 95 % de Musulmans, dotée d'une administration stable et d'une économie locale subvenant à ses besoins, la poche de Bihac tiendra face à de nombreux assauts lors de l'offensive serbe du printemps 1992. Un bon réseau routier épargné par la guerre et des positions en hauteur protégée par la rivière Una facilitent la défense. Néanmoins les combats seront féroces pour le contrôle de la ligne de chemin de fer Banja Luka - Knin qui permettrait au Serbes d'approvisionner la Krajina.

En octobre 1992, un bataillon français de la FORPRONU 2, le BIB (bataillon d'infanterie de Bihac) se met en place. Sa mission principale est l'escorte humanitaire. Le gros des troupes est fourni par la 15e division d'infanterie avec des compagnies des 92e et 126e RI. Quant aux cavaliers, il s'agit des fameux hussards parachutistes de Tarbes (1er RHP). Le premier escadron est engagé avec 12 ERC-90 Sagaie et une poignée de VBL flambant neufs.

Contrairement à Sarajevo, les choses se passent plutôt bien dans la poche de Bihac et la fermeté va payer. Sous les acclamations de la population, VBL et Sagaie patrouillent sans cesse, dissuadant toute tentative d'attaque sur ce havre de paix qu'est Bihac dans une Bosnie en flammes.

Ci-dessus. **Passage d'un check point de l'Armija bosniaque.**

Ci-dessous. **Un VBL en patrouille dans la poche de Bihac.**
(Photos Yves Debay)

Sur le Mont Igman

PENDANT LE SIÈGE de la capitale bosniaque, Sarajevo a été ravitaillée par une série de pistes forestières traversant les sauvages monts Igman. Au début de l'été 1993, ce « cordon ombilical » est l'objet d'une offensive serbe qui va pratiquement réussir puisque les hommes du général Mladic réduisent le corridor à une largeur de 1 300 m. L'ONU, décidée à ne pas laisser mourir Sarajevo, va cette fois-ci intervenir en lançant un premier ultimatum appuyé par des vols de l'OTAN à basse altitude sur les positions serbes.

Au sol, Les Frenchbat 2 et 4 envoient des blindés légers afin de démilitariser le massif. Les deux camps vont reculer mais Igman reste à portée de l'artillerie et la piste logistique descendant sur Sarajevo devient une route de la mort que les blindés empruntent à toute allure. C'est également sur le mont Igman que se concentre la FRR, force franco-anglo-néerlandaise prête à ouvrir de force le passage sur Sarajevo. Cette force compte en son sein des VBL appartenant au 2e REI.

Ci-dessus. **Un VBL de la 2e compagnie du 2e RIMa à « Bouc Igman Palace », comme l'indique joliment le panonceau bleu et rouge. Le bouc est l'emblème de la compagnie.**

Ci-contre, encadré. **Avec la Force de réaction rapide (FRR) arrivent les VBL bariolés. Ici, un véhicule du 2e REI qui connaît déjà les lieux.**

Page ci-contre. **En se retirant, les Serbes ont fait sauter la tour de télévision du Pic de Bjelasnica. Culminant à 2 000 m d'altitude, l'endroit est un observatoire idéal, très vite récupéré par la FORPRONU en été 1993. Ici, un VBL du 2e REI assure une liaison.**

Ci-dessous. **Un VBL du 2e REI face aux anciennes installations olympiques.**
(Photos Yves Debay)

Mission à Sarajevo
L'EED 10 en Bosnie

L E 1er DÉCEMBRE 1995, l'IFOR (Implementation Force) remplace la FORPRONU dans la Bosnie martyrisée. L'heure n'est plus aux atermoiements et aux hésitations de l'ONU, et le changement de dénomination implique également une attitude nouvelle vis-à-vis des protagonistes. Avec la mise sous contrôle de l'IFOR par l'OTAN, c'est désormais une politique de fermeté qui s'applique en Bosnie, face aux fauteurs de troubles.

Pour vérifier si les accords de Dayton sont respectés sur le terrain, il faut bien sûr y exercer un contrôle étroit : une mission tout à fait dans les cordes d'un EED. C'est ainsi que janvier 1996 voit se déployer l'EED 10, rattaché à la Division Salamandre, une formation comprenant trois brigades, une française, une espagnole et une italienne, le tout sous commandement français.

L'EED 10 fait alors partie des éléments organiques de cette nouvelle division et, en moins d'une heure, le général commandant Salamandre peut envoyer les VBL patrouiller à l'autre bout de la Bosnie. Le premier mois de déploiement confirmera la disponibilité de l'escadron puisque chaque VBL couvrira 5 000 km sans une panne. L'EED 10 se révèle un outil de renseignement parfaitement adapté au territoire bosniaque. L'escadron a été déployé de façon tout à fait organique avec 158 hommes, 39 VBL, cinq VAB (trois PC, un dépanneur et une ambulance) et quelques TRM-2000 équipés de RASIT.

L'une des missions les plus intéressantes du déploiement est la couverture de l'évacuation par les Serbes d'une partie de la banlieue de Sarajevo, conformément aux accords de Dayton. Plongés dans l'atmosphère des Balkans, les VBL multiplient les patrouilles alors que 80 % de la population serbe évacue les faubourgs par crainte de représailles bosniaques. Lors de cette mission, l'EED 10 découvre de nombreux dépôts de munitions tandis que les équipages se saisissent d'une grande quantité d'armes allant du canon Bofors de 40 mm à la simple Kalashnikov.

Le déploiement s'achèvera six mois plus tard, et d'autres EED remplaceront l'EED 10. Désormais le VBL est indissociable des missions de maintien de la paix dans les Balkans.

Ci-dessus. **Pour sa mission balkanique, l'EED 10 a fait frapper un insigne commémoratif. L'escadron s'inscrit dans la tradition « chars », avec la salamandre, le heaume et les canons croisés.**

Ci-dessous. **La mission de l'EED 10 en Bosnie est la première opération de guerre de ce type d'unités. Le théâtre d'opérations bosniaque avait déjà vu évoluer le VBL mais sous la livrée blanche de l'ONU. Les simples lettres IFOR sur un VBL bariolé vont changer tout un état d'esprit.**

Ci-dessus. **Les VBL de l'EED 10 vont parcourir, dans des conditions hivernales difficiles, un nombre impressionnant de kilomètres.**

Ci-contre. **La récolte de la matinée est exhibée sur le capot d'un VBL de l'escadron.**

Ci-dessous. **Ambiance opérationnelle lors d'une mission de contrôle de zone pendant l'évacuation de la banlieue de Sarajevo par les Serbes.**
(Photos Y. Debay)

Ci-dessus.
**Le déploiement
de l'EED 10
à Sarajevo verra
la première sortie des
VBL équipé
du tourelleau
12,7 mm (premier
modèle CTM-105
de la SAMM),
un bon renforcement
de la puissance
de feu de l'escadron.**

*À gauche
et page ci-contre.*
**Ces deux photos
montrant des VBL de
l'EED 10 devant des
lieux de culte
orthodoxe** *(à gauche)*
et musulman
(page ci-contre)
**sont significatives
des missions
de « conflit basse
intensité » que peut
remplir un escadron
dans le contexte de
l'après-guerre froide.**
(Photos Yves Debay)

Ci-dessus. **L'IFOR n'est pas la FORPRONU et n'hésite
pas à démontrer sa puissance de feu, tel ce MILAN
capable de pulvériser n'importe quel blindé adverse.**

Le VBL dans l'arme blindée-cavalerie

ESCADRON DE CAVALERIE LÉGÈRE

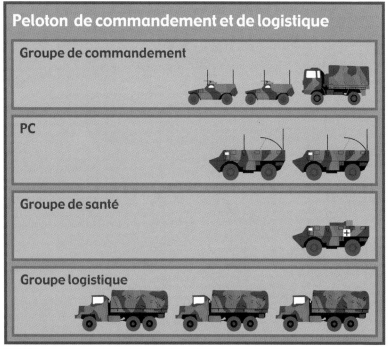

Peloton de commandement et de logistique

Groupe de commandement

PC

Groupe de santé

Groupe logistique

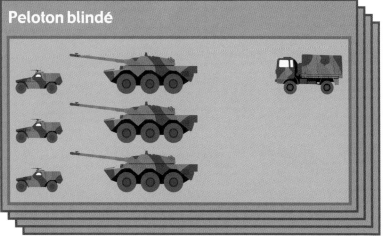

Peloton blindé

(Infographie Éric Baltzer © Histoire & Collections 2004)

En pointe avec la cavalerie légère

AVEC LES AMX-10RC et les Sagaie, le VBL est la principale monture des unités de cavalerie légère.

Au sein des escadrons, les VBL opèrent directement aux côtés des blindés roues-canon. Ce concept de formation blindée entièrement sur roues — spécialité française désormais copiée dans le monde entier — confère aux BLB (brigades légères blindées) de l'armée de terre un excellent compromis entre mobilité et puissance de feu et se révèle particulièrement adapté aux conflits dits de « basse intensité » de la période présente.

La France compte deux grandes unités de ce type, la 6e BLB et la 9e BLBIMa (brigade légère blindée d'infanterie de marine), chacune à deux régiments de type cavalerie légère sur AMX-10 RC. Outre ces deux BLB, l'arme blindée-cavalerie compte trois autres régiments de cavalerie légère affectés à la Brigade franco-allemande (BFA), à la 11e brigade parachutiste et à la 27e brigade d'infanterie de montagne.

Régiments sur AMX-10 RC et VBL
1er REC (régiment étranger de cavalerie)	6e BLB
1er RS (régiment de spahis)	6e BLB
1er RIMa (régiment d'infanterie de marine)	9e BLBIMa
RICM (régiment d'infanterie-chars de marine)	9e BLBIMa
3e RH (régiment de hussards)	BFA

Régiments sur ERC-90 Sagaie et VBL
1er RHP (régiment de hussards parachutistes)	11e BP
4e RCh (régiment de chasseurs à cheval)	27e BIM

Les quatre pelotons de combat d'un escadron de cavalerie légère comprennent chacun trois VBL et trois véhicules canon (AMX-10 RC ou ERC-90 Sagaie selon le cas).

La mission des VBL est de précéder les blindés canon et de préparer leur engagement en repérant les cibles. Grâce à sa furtivité, le VBL est en mesure de reconnaître les itinéraires en toute discrétion et de trouver des positions de tir et de repli pour les blindés canon. La souplesse de l'organisation permet également, si la mission l'exige, de détacher les VBL de leurs « grands frères ». Tel sera le cas en Afghanistan à l'hiver 2002 ou le 4e escadron du 1er spahis n'enverra que ses VBL dans le cadre de l'ISAF.

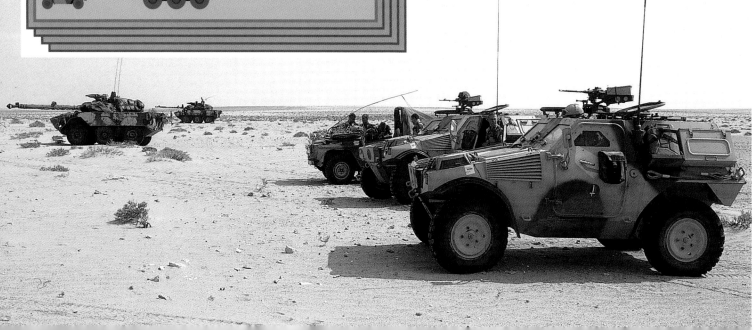

Ci-dessous. **Lors de Bright Star 97, un peloton de cavalerie du 1er spahis attend l'ordre de progresser sur El Alamein. Notre photo montre bien l'inter-opérabilité entre VBL et AMX-10 RC, qui tous portent ici le bariolage type désert.** *(Photo Yves Debay)*

Consolider la paix en Bosnie

SYMBOLE DE LA COOPÉRATION RENFOR-CÉE entre la France et l'Allemagne, la BFA (Brigade franco-allemande) créée en 1990 a été déployée pour la première fois en situation opérationnelle en Bosnie à l'été 1997. La SFOR (Stabilisation Force) vient alors de remplacer l'IFOR (Implementation Force). Moins puissante, la SFOR dispose néanmoins d'une réelle capacité de dissuasion afin d'éviter tout retour à la violence dans le pays, où sous la cendre les braises sont encore vives.

En Bosnie, la BFA est engagée au sein du Deutsche-Französiche Gruppe/groupement franco-allemand (DFGA) constituant la Brigade Centre de la Division Salamandre sous commandement français. La mission principale de la brigade, qui comporte également un bataillon ukrainien, est le contrôle des grands axes routiers au sud de Sarajevo : un cas d'école pour les VBL du 3e régiment de hussards.

Le prestigieux régiment, plus que bicentenaire puisque gardien des traditions des « houzards gris d'Esterhazy », forme l'escadron blindé du BATFRA (bataillon français) en charge du contrôle sud du couloir de Gorazde et de Kalinovic, la ville natale du général Mladic.

Pour effectuer les nombreuses patrouilles dans une région meurtrie, l'escadron blindé du BATFRA a gardé sa structure classique d'un escadron léger blindé à quatre pelotons comptant chacun trois VBL et trois AMX-10 RC. Les VBL sont souvent détachés de leur pelotons pour « nomadiser » dans l'arrière-pays ravagé. Moins menaçant qu'un gros blindé canon, le petit véhicule passe bien dans cet environnement où le contact avec la population est primordial. Au cours d'une de ces patrouilles, les hussards découvrent une vaste cache d'armes contenant notamment des mines antichars MRUD et des roquettes antichars de 89 mm.

La Brigade franco-allemande restera six mois en Bosnie.

Ci-dessus. **Ce VBL du 3e hussards sort du quartier de Raljovac, décoré aux couleurs franco-allemandes.**

Ci-dessous. **Détachés de leur escadron, ces deux VBL ont pris position à Dobrinja, un quartier situé à 700 m des pistes de l'aéroport qui a été l'enjeu pendant plus de deux ans de combats féroces. Pendant toute la durée du siège, les casques bleus n'ont pas eu accès à ce quartier.** *(Photos Yves Debay)*

49

En haut de la page.
Un VBL passe près de la carcasse d'un VCI M-80 de l'armée fédérale détruit dès le début du siège.

Ci-dessus.
Les véhicules du 3e hussards roulent désormais paisiblement dans la banlieue de Sarajevo. Un an auparavant, les équipages auraient gardé la tête à l'abri du blindage.

Ci-contre. **Loin d'être verbalisés par la gendarmerie, ces VBL assurent au contraire une escorte musclée aux observateurs de l'ONU.** *(Photos Y. Debay)*

Les missions en Bosnie sont également l'occasion de connaître et partager la vie des armées étrangères. Deux concepts d'engins de reconnaissance sont réunis sur cette photo, le sophistiqué VBL et un robuste BRDM-2 des parachutistes ukrainiens.

ESCADRON BLINDÉ
SFOR CФOP
2° PELOTON

Ci-contre et ci-dessous. **Les hussards engagés à Sarajevo ne manquent pas d'humour et le Taz**, célèbre personnage de dessin animé, a été pris comme emblème pour la mission. On le retrouve en autocollant et même en peluche sur l'avant d'un des VBL. Un hussard nous confiera : « Nous sommes à l'image de ce personnage, très gentil mais qui devient très méchant quand on le fâche ». Un symbole de la situation en Bosnie à cette époque où la SFOR s'affirme comme force d'interposition. Ce VBL est vu sur la place d'armes du quartier de Raljovac. *(Photos Yves Debay)*

Le VBL en Afghanistan
Opération Pamir pour le 4/1er spahis

Au titre de la résolution 1 386 de l'ONU rédigée à l'initiative de la France et de la Grande-Bretagne, l'armée de terre reçoit pour mission d'envoyer un contingent au sein de l'ISAF (International Stabilisation Assistance Force). Pour la France, ce sera l'opération Pamir, qui se traduit par le déploiement sur le théâtre d'opérations afghan d'un élément de combat de niveau bataillon.

Ce BATFRA (bataillon français) est composé d'un état-major formé à partir du 21e RIMa, de deux compagnies de ce même régiment, d'un détachement de sapeurs et du 4e escadron du 1er spahis. Sur le terrain, le BATFRA s'articule autour de deux groupements tactiques mixtes à base de spahis et de marsouins. Chacun de ces groupements aligne deux pelotons de VBL et deux pelotons montés sur VLRA.

La mission est de garder et protéger l'aéroport de Kaboul et de contrôler les deux axes routiers menant à Bagram, où les Américains se sont installés en force. C'est bien sûr une mission taillée sur mesure pour les VBL des spahis. Pour remplir cette tâche, le 4e escadron a laissé à Valence sa composante AMX-10 RC pour ne garder que ses VBL, ce qui en fait, pour l'opération Pamir, un

ERI (escadron de reconnaissance et d'investigation) dont la composition détaillée est la suivante :

— un peloton de commandement de deux VBL (peloton comprenant également le groupe logistique, le groupe de santé et le groupe de transmissions sur véhicules divers) ;

— quatre pelotons de combat, chacun disposant de trois patrouilles de deux VBL (une patrouille VBL 7,62 mm, une patrouille VBL 12,7 mm et une patrouille MILAN).

Au total, 27 VBL seront engagés en Afghanistan (les 26 de l'ERI plus le VBL du chef de corps du 21e RIMa). C'est ainsi que pendant plus de six mois, les spahis relevés par l'EEI 9 du 1er RIMa sécuriseront les axes « Champagne » et « Bordeaux » entre Bagram et la capitale du pays de l'Insolence.

Ci-dessous. **Au pied des montagnes de la Mouche, un massif qui commande l'accès à la plaine de Shomali, les combats entre les Talibans et l'Alliance du Nord ont été acharnés pendant plus de cinq ans. Ici, un VBL 12,7 mm PL 127 du 1er spahis observe ce champ de bataille où gisent de nombreuses carcasses comme ce T-55 Taleb.** *(Photo Yves Debay)*

Insigne de l'ERI 4/1er spahis
pour l'opération « Pamir ».

Ce détachement léger du BATFRA escorte
un convoi logistique en route vers Bagram.
Il se compose d'une patrouille de deux VBL des
spahis, ainsi que de marsouins transportés dans
des VLRA dont l'un est visible au second plan.
En Afghanistan, les VBL du 1er spahis sont
systématiquement équipés d'un cable
de remorquage.
(Photo Yves Debay)

Ci-contre. **L'état pitoyable du réseau routier afghan est illustré par cette photo d'un VBL 12,7 du 4/1er spahis franchissant une « coupure » dans un village pachtoune. Le bariolage du véhicule disparaît sous la boue.**

Ci-dessous. **Ce VBL châssis long participe à une reconnaissance de zone au nord de Kaboul. Ce véhicule présente toutes les caractéristiques du modèle allongé, avec entre autres l'absence de décrochage sur la caisse derrière le pilote et le chef de bord, ce qui entraîne le repositionnement d'une des antennes à l'avant gauche du pare-brise.**

Ci-dessus. **L'opération Pamir a été pour les troupes françaises l'occasion d'opérer dans un cadre tout à fait inhabituel. Ici, une patrouille de VBL PL 127. Celui du second plan porte une étoile bleue sur le blindage avant. Sur le premier véhicule (et sur celui de la photo ci-dessous), le marquage de l'ISAF est bien visible.**

Ci-contre. **Beau cliché d'un VBL en version de base (mitrailleuse de 7,62 mm) dans un village à l'architecture typiquement pachtoune. Le lot de bord est arrimé sur les parois, une situation impensable à Bangui où tous les accessoires auraient été arrachés par les Godobés (voleurs locaux).**
(Photos Yves Debay)

Protection de l'aéroport de Kaboul

UNE DES PRINCIPALES MISSIONS DU BATFRA engagé dans l'opération Pamir est la protection de l'aéroport de Kaboul. Ce dernier est l'un des seul liens entre l'Afghanistan, pays totalement enclavé, et le monde extérieur. De plus, la possession de la plate-forme aéroportuaire est un symbole d'autorité pour le gouvernement afghan. Les VBL du 4e escadron du 1er spahis participent activement à cette mission de confiance comme le montre notre série de documents.

Ci-dessus. **Ce VBL accompagne sur le taxiway un C-130 de l'ONU au décollage. Le relief à l'arrière-plan montre la précarité de la position des troupes de l'ISAF à l'aéroport.**

Ci-contre. **Un VBL est positionné devant un Ilyoushin-76 Candid turkmène et un Transall de l'armée de l'air française. Un lance-roquette léger AT-4 « bon de guerre » est visible sur le capot du véhicule.**

Ci-dessous. **Des VBL passent devant un Il-76. Les troupes françaises basées sur l'aéroport subiront en avril 2002 un tir de quatre roquettes qui ne feront heureusement pas de victime.** *(Photos Yves Debay)*

Ci-contre. **Le contingent français effectue quelques missions de ravitaillement humanitaire au profit des villages isolés. Les convois sont escortés par les VBL du 4/1er spahis. On voit ici l'un d'eux au pied d'une ferme fortifiée pachtoune. Noter la différence de bariolage entre le tourelleau PL 127 et le véhicule.**

Ci-dessous. **Au retour de chaque mission, les VBL sont systématiquement ravitaillés en carburant afin d'être toujours disponibles. L'opération peut être délicate car le camion citerne est une cible de choix pour un lance-roquettes taliban.**

En bas de la page. **Un VBL long s'est arrêté en travers de la route pour indiquer au convoi la direction à suivre. La reconnaissance d'itinéraires est l'une des missions traditionnelles de la cavalerie légère.** *(Photos Yves Debay)*

Bariolage [1] et marques distinctives des VBL de l'armée de terre

1. Le terme de bariolage est officiellement retenu pour désigner strictement la peinture du véhicule car celui de camouflage recouvre également la pose d'un filet ou d'une bâche, l'éventualité de traces de boue et la cassure de la silhouette du véhicule avec des branchages.

VBL 12,7 mm dans la livrée sable et brun terre des véhicules appelés à évoluer outre-mer. Celui-ci appartient au 4e escadron du 1er spahis engagé en Afghanistan dans le cadre de l'ISAF (International Stabilisation Assistance Force) dont il porte le sigle peint au pochoir. Le tourelleau PL 127 est peint quant à lui dans les nuances Centre Europe, une particularité attestée par photo (**voir page 57**). *(Dessin Jean Restayn © Histoire & Collections 2004)*

Bariolage

C'EST LORS DE SA CONSTRUCTION à l'usine Panhard de Marolles que le VBL reçoit sa peinture de bariolage selon un schéma très précis et commun à tous les véhicules.

Il existe trois type de bariolages, définis par le document 26-36 de l'EMAT et réalisés avec des peintures polyuréthane de couleur mate :

Centre Europe : comportant les teintes vert foncé IR (34 X 3), brun terre IR (30 X 0) et noir (36 - 03).

Zone enneigée : comportant les teintes blanc UV (26 X 0), brun terre IR (30 X 0) et noir (36 - 03).

Outre-mer : comportant les teintes sable IR (32 X 0) et brun terre IR (30 X 0).

Ce VBL du 2e REP participe à une patrouille en Bosnie. La couleur noire du bariolage est présente aux quatre angles du véhicule afin d'en briser la silhouette générale. La boue jaunâtre ajoute une teinte supplémentaire à ce bariolage type Centre Europe. L'insigne tactique de l'infanterie est bien visible.

Dans sa version Centre Europe, le bariolage de l'armée de terre rend le véhicule légèrement plus clair que ses homologues de l'OTAN (eux aussi recouverts d'un camouflage trois tons Centre Europe).

Le 1er spahis et le 3e hussards ont été parmi les premiers à percevoir leurs VBL en livrée outre-mer.

Quant à la livrée zone enneigée, seul le 4e chasseurs a perçu des véhicules qui en sont revêtus.

Marques distinctives

Les marques distinctives sont de trois sortes :

La plaque minéralogique

Normalisée à huit chiffres, de gauche à droite : le chiffre « 6 » désignant l'armée de terre, les deux suivants pour le millésime, le quatrième chiffre indiquant la catégorie de véhicule (« 4 » pour les blindés), enfin les quatre derniers chiffres indiquant le numéro individuel du véhicule dans sa tranche d'attribution. Le numéro est précédé du sigle de l'armée de terre (une épée blanche brochant sur deux rectangles bleu à gauche, rouge à droite, l'ensemble évoquant le petit drapeau national anciennement employé).

Sur le VBL, comme sur la plupart des blindés, la « plaque » minéralogique se résume à un simple rectangle de peinture noire appliqué directement sur le blindage.

Le disque de tonnage

Ce disque de teinte brun terre (anciennement jaune) peint à l'avant comporte un grand chiffre noir indiquant la classe de pont (chiffre « 4 » pour le VBL, correspondant à son tonnage).

Ce VBL revêtu du bariolage Centre Europe présente les différentes marques réglementaires :
— numéro d'immatriculation précédé du logo de l'armée de terre (premier chiffre « 6 » pour armée de terre, immatriculé en 1994 « 94 », de type blindé « 4 », le 93e véhicule blindé dans la tranche considérée) ;
— signe tactique (ici, celui d'un EEI) ;
— disque de tonnage (« 4 » pour un VBL).
(Photo Yves Debay)

Détail du signe tactique d'un VBL appartenant à l'EEI 7 de la 7e BB.
(Photo Y. Debay)

L'insigne tactique

Quatre insignes distincts peuvent être vus sur les VBL, selon la mission de leur unité d'appartenance, mais la standardisation n'est pas évidente et certains problèmes se posent à l'observateur.

Par exemple, à l'EEI 1 coexistent sur les VBL deux symboles différents : celui normal de la cavalerie avec la chenille de char stylisée et l'insigne de la reconnaissance française, une barre diagonale coupée d'une demi-barre, dans la chenille. Tandis qu'au RHP, certaines photos montrent l'insigne tactique des chars ou cavalerie lourde (chenille). Ces bizarreries sont sans doute dues aux échanges de matériels lors d'opérations extérieures.

Quant aux VBL attribués aux SRR (voir page 94), ils arborent comme il se doit le signe tactique de l'infanterie (croix).

Reconnaissance (EEI)

EEI d'un rgt de chars

Régiment de chars ou cavalerie « lourde »

Infanterie (SRR, etc.)

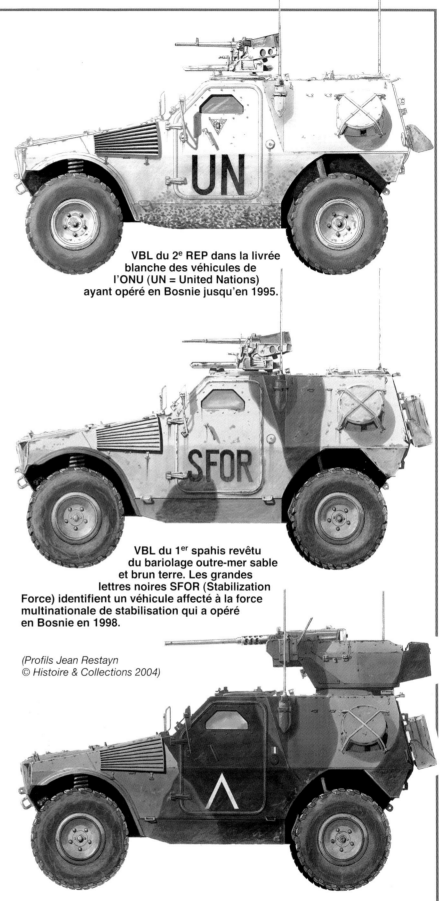

VBL du 2e REP dans la livrée blanche des véhicules de l'ONU (UN = United Nations) ayant opéré en Bosnie jusqu'en 1995.

VBL du 1er spahis revêtu du bariolage outre-mer sable et brun terre. Les grandes lettres noires SFOR (Stabilization Force) identifient un véhicule affecté à la force multinationale de stabilisation qui a opéré en Bosnie en 1998.

(Profils Jean Restayn © Histoire & Collections 2004)

VBL à tourelleau PL 127 revêtu du bariolage Centre Europe. Ce véhicule du 1er tirailleurs possède sur la portière un grand «V » renversé blanc commun à tous les véhicules de la KFOR de Macédoine. Dans le cadre d'une coalition multinationale, le petit drapeau latéral rappelle la nationalité.

Bariolage urbain
pour le 1er spahis de Valence

PLUS D'UN TIERS DE L'EUROPE occidentale est constitué de zones urbanisées, ce qui signifie que les conflits potentiels du XXIe siècle se dérouleraient majoritairement dans les villes. Tout comme les états-majors s'étaient préparés, des années durant, au déferlement éventuel des 50 000 chars du Pacte de Varsovie à travers les plaines du nord de l'Europe, l'armée de terre française étudie à présent les menaces potentielles nouvelles et tout spécialement les interventions dans les agglomérations.

Dans le cadre du combat en milieu urbain, la STAT (Section technique de l'armée de terre) a ainsi expérimenté un nouveau type de bariolage destiné aux véhicules de l'armée de terre.

C'est le 1er régiment de spahis qui a été chargé de tester sur le terrain cette nouvelle livrée de combat, qui n'est pas sans rappeler celle que les Britanniques avaient appliquée sur leurs chars Chieftain de la Brigade de Berlin dans les années soixante-dix.

En juin 2002, à peine revenu d'Afghanistan, le 4e escadron fait recouvrir de la livrée expérimentale ses douze AMX-10 RC. De son côté le 2e escadron livre à l'atelier de peinture douze VBL. Le bariolage se compose, sur un fond gris clair, de grands quadrilatères gris foncé, ocre et sable. Cette peinture est lavable, ce qui permet aux blindés de retrouver, après un passage à la douche, leur classique bariolage Centre Europe ou outre-mer.

Si l'expérimentation est jugée satisfaisante, tous les blindés de l'armée de terre française appelés à être engagés en combat urbain pourront être recouverts de la nouvelle livrée.

Le 1er spahis est l'héritier du 1er RMSM (régiment de marche de spahis marocains), l'une des toutes premières unités constituées de la France Libre. D'où la croix de Lorraine sur l'étoile chérifienne des Marocains.

Durant l'été 2002 le 1er régiment de spahis teste le nouveau bariolage urbain de ses véhicules dans la région de Valence. On voit ici un AMX-10 RC du 4e escadron précédé par un VBL du 2e escadron. *(Photo Yves Debay)*

À l'est de Valence, deux véhicules recouverts de la livrée expérimentale manœuvrent dans différents milieux afin de tester l'efficacité de leur bariolage. Les deux principaux engins de la cavalerie légère, appelés à travailler ensemble au sein du même peloton, sont visibles sur cette série de clichés. Mais bien sûr, pour les besoins du reportage, les distances de combat ne sont pas respectées. Le glacis avant du VBL, tout comme celui du 10 RC, est en gris uniforme. *(Photos Yves Debay)*

Les escadrons d'éclairage et d'investigation (EEI)

Retarder l'ennemi est l'une des missions des EEI. Ici, lors d'une démonstration à Mourmelon en 2002, un VBL de l'EEI 1 freine brusquement pour laisser débarquer un tireur APILAS RAC-112.

CHAQUE GRANDE UNITÉ de l'armée de terre possède depuis 2002 son escadron d'éclairage et d'investigation (EEI) :

EEI 1 pour la 1re brigade mécanisée de Châlons-en-Champagne,
EEI 2 pour la 2e brigade blindée d'Orléans,
EEI 3 pour la 3e brigade mécanisée de Limoges,
EEI 6 pour la 6e brigade légère blindée de Nîmes,
EEI 7 pour la 7e brigade blindée de Besançon,
EEI 9 pour la 9e brigade blindée d'infanterie de marine de Nantes.

Pour des raisons administratives mais également d'emploi, les EEI, éléments relevant de la cavalerie, sont en général rattachés à un régiment de cette arme.

L'organisation de l'EEI est très semblable à celle de son prédécesseur l'EED puisqu'il se compose d'un peloton de commandement et de logistique, de trois pelotons d'éclairage et d'un peloton de renseignement technique. La différence se fait au niveau des

Ci-dessous. L'EEI 3 regroupée en vue d'un franchissement au camp de Chambarrant, au sud-est de Lyon. Les équipages préparent le matériel afin de rendre les VBL étanches. Sans cesse en pointe de leur brigade, les EEI se doivent de maintenir un niveau opérationnel élevé. Seule la pratique du terrain permet aux équipages d'acquérir les gestes nécessaires. *(Photos Yves Debay)*

pelotons d'éclairage qui perdent une patrouille (cinq à l'EED et quatre à l'EEI). Le groupe de maintenance du peloton de commandement et de logistique est, dans l'EEI, rattaché à l'ECL du régiment de cavalerie hôte, alors qu'il était partie intégrante de l'EED.

Des missions variées

La Guerre du Golfe, qui coïncide avec la mise en service du VBL dans l'armée de terre, démontre que malgré la haute technicité des moyens de renseignement modernes, satellites, radars, drônes et avions d'écoute et de repérage, les unités d'éclairage, très légères et très rapides, restent un vecteur indispensable pour fournir le renseignement le plus exact avant l'engagement.

Le renseignement au contact de l'ennemi est donc l'apanage des EED et de leur successeurs les EEI, placés au dernier échelon de la chaîne, après le renseignement de théâtre, mené par le 13e RDP (dragons parachutistes), et le renseignement opératif, confié tant au 2e RH (hussards) qu'aux drônes du 7e RA (artillerie).

Pour remplir leur mission, les VBL des EEI opèrent sur un front de 20 à 40 kilomètres en avant de la brigade et au profit de celle-ci.

L'EEI est donc une unité spécifique de l'arme blindée-cavalerie destinée à obtenir du renseignement tactique par l'observation et l'écoute, à courte et moyenne portée. Son engagement consiste essentiellement à se maintenir dans la posture la plus favorable pour :

— voir sans être repéré ;
— détecter, reconnaître et identifier ;
— transmettre le renseignement.

Acquérant et transmettant sans délai des renseignements de milieu, d'attitude ou d'ambiance, l'EEI participe à la sûreté de la grande unité qui l'engage.

Dans un contexte offensif, l'EEI prépare l'engagement de la brigade par des reconnaissances d'itinéraires et des opérations d'éclairage vers l'avant. Il peut également être engagé dans un intervalle à l'intérieur du dispositif.

Dans l'action défensive, l'EEI jalonne l'avance de l'ennemi, surveille les coupures qu'il serait amener à franchir et assure la flanc-garde de la brigade.

L'escadron peut également être amené à conduire des missions particulières comme reconnaître et renseigner une zone contaminée, mener une reconnaissance sur les arrières de l'ennemi après une infiltration ou mener des actions de surveillance dans le dispositif ami.

Bien que le combat ne soit pas sa vocation première, l'EEI doit être en mesure d'agir brutalement et par surprise sur des objectifs faiblement protégés. La mission de la cavalerie légère reste inchangée depuis des siècles et l'EEI peut également saisir toute opportunité pour infliger des pertes à un adversaire, même blindé, sous réserve de mener des actions courtes et violentes, suivies d'esquives subites.

ORGANIGRAMME D'UN EEI

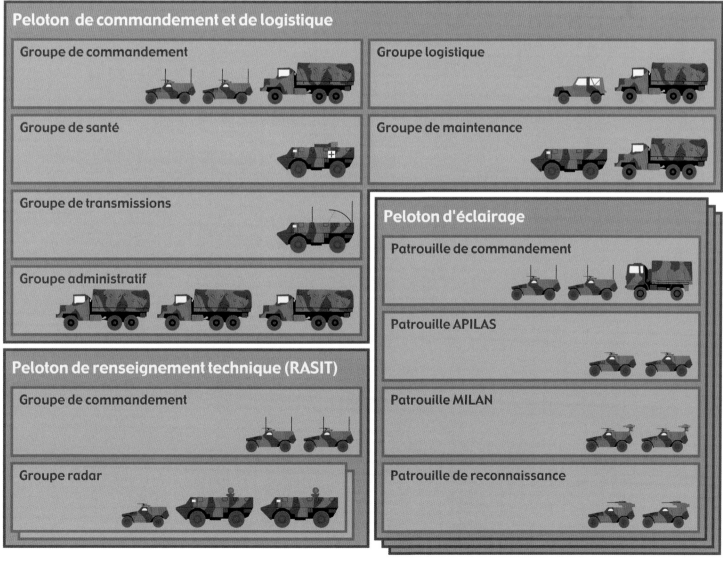

Les héritiers de l'escadron de Gironde

LA COMPLEXITÉ DE LA FILIATION de l'EEI 1 est significative de l'évolution de certaines unités de l'armée de terre de l'après-guerre froide.

L'origine de l'unité remonte au régiment d'Orléans-Dragons créé le 1er avril 1718. À la révolution, le régiment prend la dénomination de 16e régiment de dragons et participe glorieusement à l'épopée napoléonienne. Lors de la guerre de 1914-1918, le régiment continue à s'illustrer et obtient deux citations. C'est au début de la Grande Guerre que se situe le fameux fait d'armes de l'escadron de Gironde qui voit les dragons, isolés par l'avance ennemie, charger un parc d'aviation et détruire plusieurs machines avant de succomber sous le nombre. Dissous en 1929, le régiment est reconstitué en 1952 et participe à la guerre d'Algérie.

Dissous une nouvelle fois en 1977, il voit ses traditions reprises par l'escadron d'éclairage n° 10 créé en 1978.

Il existe également à la fin des années quatre-vingt un EED 1, basé à Saint-Wendel en RFA, qui recevra les premiers VBL de l'armée de terre après la Brigade franco-allemande. Les VBL ne resteront que très peu de temps en Allemagne, puisqu'éclate au début des années quatre-vingt-dix la crise des Balkans. Les Panhard sont alors envoyés par petits paquets aux unités qui servent en Bosnie.

Au milieu des années quatre-vingt-dix, une nouvelle restructuration touche l'armée de terre. L'EED 10 va très brièvement se transformer en EED 2 avant de prendre, le 1er juillet 1999, son appellation actuelle d'EEI 1 (escadron d'éclairage et d'investigation n° 1). De nos jours, il est attaché au 501/503e régiment de chars de combat à Mourmelon et opère au profit de la 1re brigade mécanisée.

L'escadron a participé aux opérations de l'IFOR en 1996 alors qu'il était encore EED 10 (voir page 44) ainsi qu'à deux séjours à la SFOR en 1997 et 1998 et un déploiement au Kosovo en 2001.

Ci-contre. **Un VBL de l'EEI 1 à Mourmelon. La boue reste l'un des meilleurs camouflages naturels.**

Ci-dessous. **Une patrouille de VBL 7,62 mm de l'EEI 1 saisie en pleine action lors d'une démonstration au profit de la 1re brigade mécanisée à Mourmelon en avril 2002. Les personnels ont débarqué, ce qui est possible en mission de reconnaissance, mais dans la réalité ils auraient profité des couverts.** *(Photos Yves Debay)*

Ci-dessous. **Les cavaliers de l'EEI 1 se livrent à une démonstration de mise en batterie antichar. Un camouflage relativement simple à mettre en œuvre ajoute à la furtivité du VBL. Pour les besoins du reportage, nous avons laissé apparents les signes tactiques ainsi que l'insigne de l'escadron, mais il est bien évident que, en conditions opérationnelles, ces éléments seraient masqués comme l'ensemble du véhicule.**

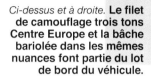

Ci-dessus et à droite. **Le filet de camouflage trois tons Centre Europe et la bâche bariolée dans les mêmes nuances font partie du lot de bord du véhicule.**

Ci-dessous. **Sous les couverts, un lieutenant de l'EEI 1 rend compte de ses observations. L'EEI dépend directement, dans la plupart des cas, du commandement de la brigade. La taille des militaires met en exergue la silhouette réduite du VBL, ici à châssis long.** *(Photos Yves Debay)*

EEI 2

L'Escadron Leclerc

L'ESCADRON D'ÉCLAIRAGE ET D'INVESTIGATION de la 2e brigade blindée est l'héritier de l'escadron de protection du général Leclerc. Il a été transféré de Saint-Germain-en-Laye à Saumur en 1997.

Cet escadron a été créé au Maroc en 1943, au même moment que la fameuse 2e DB, à partir d'un peloton ou d'une section de chacun des trois régiments blindés que compte alors la division (12e chasseurs d'Afrique, 12e cuirassiers et 501e régiment de chars de combat).

Équipé à cette époque de chars moyens Sherman et d'obusiers automoteurs M-8, il avait pour mission d'assurer la protection du PC avant de la division. Mission plus dangereuse qu'il n'y paraît puisque le général Leclerc avait l'habitude d'être toujours avec les éléments de tête de sa division. Aussi l'escadron est-il parmi les premiers à entrer à Alençon et on le retrouve également en pointe à la libération de Paris. Durant la très dure campagne d'Alsace, l'escadron est utilisé comme unité de reconnaissance, ce qui lui vaut la Presidential Unit Citation américaine.

Lors de la remise sur pied de la 2e division blindée à la fin des années soixante-dix, l'état-major décide de lui fournir un escadron d'éclairage divisionnaire qui va opérer initialement sur Peugeot P-4.

Installé à Saint-Germain-en-Laye, l'EED 2 dépend alors du 501e régiment de chars de combat. Professionnalisé, il rejoint Saumur en 1997 ou il est rattaché au 2e régiment de dragons. Depuis, il constitue l'EEI de la 2e brigade blindée.

Ci-dessus. **Vue prise durant l'exercice Yonne 97, le dernier qui voit l'EEI 2 manœuvrer aux côtés des Leclerc du 501/503e RCC.**

Ces dernières années, il a participé à deux mandats en ex-Yougoslavie et a été déployé au printemps 2003 en Côte-d'Ivoire dans le cadre de l'opération Licorne, durant laquelle ses patrouilles ont pris part à plusieurs accrochages avec les rebelles.

Ci-dessous. **Dans le cadre de la guerre conventionnelle, le VBL peut être un véritable poisson pilote pour les régiments Leclerc. Chaque EEI des brigades blindées ou mécanisées est d'ailleurs administrativement attaché à un régiment de chars. Notre photo, prise en 1996, montre des VBL de l'EED 2 avec des Leclerc du 501/503e RCC juste avant que l'unité ne prenne ses quartiers à Saumur. L'esthétique des deux engins symbolisant la technologie française de l'armement est certaine.**

Un VBL
au bord d'une
route dans
la campagne
française,
début 2004.
*(Photo Yves
Debay prise
à l'EEI 9)*

67

C'EST À L'ÉTÉ 1999 QU'EST CRÉÉ, au camp de Carpiagne près de Marseille, l'EEI 3.

Comme tous les escadrons d'éclairage et d'investigation, l'unité est rattachée administrativement à un régiment de cavalerie, en l'occurrence le 1er/11e cuirassiers de la 3e brigade mécanisée. L'escadron opère donc pour cette grande unité.

Comme pour beaucoup d'unités de l'armée de terre actuellement, la filiation de l'EEI 3 est relativement complexe. Organiquement, il a été créé avec les cadres de l'EED 1 rattaché au 1er cuirassiers basé à Saint-Wandel en Allemagne, une des premières unités sur VBL, mais ses traditions sont celles du 1er escadron du 5e cuirassiers, unité décorée de la Légion d'Honneur et de la Croix de Guerre 39-45 avec deux citations.

Le jeune escadron, qui a gardé l'esprit fonceur des « gros frères » de l'Empire, a participé à deux mandats de la KFOR au Kosovo, de février à mai 2000 et de juin à octobre 2001. On le retrouve en Côte-d'Ivoire en 2003.

Ci-contre. **Soleil au zénith, les VBL de l'EEI 3 roulent au milieu de la garrigue, soulevant une fine poussière.**

Ci-dessous. **Dans la chaleur de l'été, les VBL de l'EEI 3 effectuent un exercice dans le superbe camp de Carpiagne. En cette aube du XXIe siècle, les éclaireurs ne font désormais plus face à l'est…**
(Photos Yves Debay)

Ci-dessus et ci-contre. **Le camp de Carpiagne se prête parfaitement à l'entraînement en milieu méditerranéen. Ici un exercice antichar avec les VBL MILAN de l'EEI 3.**

Ci-dessous et en bas de page. **Franchissement d'une coupure au camp de Chambarant. Dans la réalité, ce type d'opérations s'effectuerait de nuit afin de bénéficier de l'effet de surprise.** *(Photos Yves Debay)*

EEI 6 - 4/1er REC

L'escadron de tradition du « Royal Etranger »

LES MISSIONS D'ÉCLAIRAGE de la 6e BLB sont confiées depuis l'été 1998 au 4e escadron du 1er REC (régiment étranger de cavalerie). Au sein du « Royal Étranger », le 4e escadron occupe une place privilégiée. Formé en même temps que le régiment en 1921, il en est devenu l'escadron de tradition. Depuis sa création, l'escadron a été engagé dans tous les combats menés par la cavalerie légionnaire : d'abord la Syrie avec la fameuse « affaire » de Rachaya contre les Druzes (1925), puis le Maroc pendant l'entre-deux-guerres, les campagnes de Tunisie, de France et d'Allemagne en 1943-1945, enfin l'Indochine de 1947 à 1954 et l'Algérie. Dissous à Mers-el-Kébir en 1964, il est recréé à Orange en 1969.

À partir de cette date, le 4e escadron est fréquemment engagé dans les nombreuses opérations qu'effectue l'armée de terre à la fin de la guerre froide : Djibouti, Tchad, Mayotte et la guerre du Golfe qu'il termine à Koweit City. À l'époque de la division Daguet, l'escadron est équipé de VAB HOT qu'il cèdera au 2e REI en 1998.

On le retrouve sur VBL dans les Balkans et tout spécialement au Kosovo (voir notre reportage pages 71 à 73) où il effectue plusieurs déploiements.

Ci-dessous. **Un peloton de l'EEI 6 (4/1er REC) verrouille l'accès à l'aéroport de Kumanovo pendant les négociations OTAN/Serbie. Le VBL se révèle excellent pour établir des points de contrôle mobiles sur un axe.** *(Photo Yves Debay)*

L'EEI 6 dans l'opération Trident
Une citation pour les « Lions » du 4/1er REC

AU PRINTEMPS 1999, après trois mois d'une intense campagne aérienne, la Serbie se décide enfin à négocier avec les responsables militaires de l'OTAN, sur l'avenir du Kosovo.

Les pourparlers auront lieu en Macédoine où la force d'extraction de l'OTAN vient de devenir la KFOR. Le contingent français est représenté par la 6e BLB, et l'EEI 6 se trouve donc sur le théâtre d'opérations. Dans un premier temps, le 4/1er REC patrouille dans ce véritable « billard à chars » qu'est la région de Kumanovo. Une attaque blindée venant de la région de Presovo, bien que très peu probable, est possible. Dès l'ouverture des négociations entre le général anglais Mike Jackson et ses homologues serbes sur le petit aéroport de Kumanovo, les VBL assurent la protection du périmètre.

Le 9 juin 1999, un accord est conclu : l'armée serbe quittera le Kosovo pour céder la place à la KFOR. Celle-ci a une dure mission. Éviter que la transition ne devienne un bain de sang et établir un dispositif afin d'éviter que l'UCK albanaise ne s'empare d'objectifs stratégiques, ce qui provoquerait un retour en force des Serbes. Pour l'OTAN ce sera « Joint Guardian », transformée en opération Trident pour les Français.

Le 12 juin, alors que les Rats du désert britanniques et la brigade italienne Garibaldi s'élancent sur l'axe « Hawk », les Français de la Brigade Leclerc (nom d'opération donné à la 6e BLB) empruntent des chemins de montagne. En tête, sous le commandement du capitaine Jaron, les VBL du 4e escadron détectent un bouchon de mines, ce qui retarde toute la brigade. Elle arrive à Gnijlane le 14. Théoriquement, les Français auraient dû attendre deux jours dans cette petite ville avant de rejoindre leur zone d'occupation dans la région de Mitrovica. Mais dans cette dernière ville, la situation menace de tourner à la catastrophe humanitaire. Si rien n'est fait, comme à Pec deux jours plus tôt, la ville risque de se retrouver à feu et à sang.

Aussi le gouvernement français donne-t-il au général Cruche, commandant la Brigade Leclerc, l'ordre de foncer. La 6e BLB, 4e escadron en tête, roule à tombeau ouvert en direction du nord. Jamais la 6e BLB n'aura autant mérité son nom de « Brigade 1 000 kilomètres par jour ». Les Lions de l'EEI 6, après un accrochage diplomatique avec un peloton de Scimitar de l'armée de Sa Majesté égaré hors de sa zone, font leur jonction avec les hommes du COS (Commandement des opérations spéciales) le 16 juin vers 17 heures. Mitrovica est sans doute sauvée de la destruction.

Le lendemain à l'aube, sous une pluie battante, les VBL repartent vers le sud-ouest afin de protéger les réfugiés serbes venant de la région de Pec. La tension est grande entre l'UCK qui parade dans la petite ville de Srbica et les légionnaires. Au cours d'une patrouille, dans les environs de cette ville qui fut l'un des bastions de l'UCK, un VBL saute sur une mine, blessant grièvement deux légionnaires. Cependant, la situation va rapidement se stabiliser.

Pour son action durant l'opération Trident, l'escadron de tradition du 1er REC recevra une citation à l'ordre de la brigade qui ornera son fanion déjà décoré de la Croix de guerre.

Ci-dessous.
Manifestation d'enthousiasme des Kosovars envers leur libérateurs, les légionnaires de l'EEI 6 (4/1er REC) montés sur VBL.
(Photo Yves Debay)

Ensemble de la page. **Reconnaissance de l'axe Serbinj - Mitrovica le lendemain de l'entrée des troupes françaises dans cette dernière ville. La tension est perceptible comme le montre** *(ci-contre)* **l'attitude de l'équipage de ce VBL de l'EEI 6 arrêté le long de la route. Dans la grisaille, le paysage sue la peur et la destruction.**

Ci-dessous. **Non loin de là, les « Lions » inspectent un tracteur dont le propriétaire serbe vient sans doute d'être enlevé par l'UCK. La tension est à son comble : deux heures après la prise de ce cliché, un VBL sautera sur une mine. Ce type de mission, dans un environnement de combat basse intensité, est typique de ce qu'effectuent de nos jours les EEI.**

Ci-dessous. **L'arrière garde serbe, composée de policiers du Ministère de l'Intérieur, les fameux MUP, passe devant les VBL du 4e escadron du 1er REC dans la région de Serbinj. L'UCK non visible sur ces photos est néanmoins bien présente. Certains de ses membres feraient volontiers un carton sur les véhicules serbes en retraite, et ces derniers n'hésiteraient pas une seconde à riposter de façon disproportionnée. C'est pourquoi les cavaliers légionnaires sont là pour prévenir tout incident.**
(Photo Yves Debay)

Les « Lions » sont accueillis avec enthousiasme par la population albanaise. Mais l'euphorie ne durera pas.

Ci-dessus. **Infiltration en forêt pour ces VBL recouverts d'un filet de camouflage se confondant avec les feuilles mortes. Le filet atténue également les émissions infrarouges émanant du véhicule.** *(Photo Yves Debay)*

JUSQU'ALORS CONFIÉES AUX FANTASSINS des compagnies d'éclairage de brigade (CEB), les missions d'éclairage ne sont redevenues l'apanage de l'arme blindée-cavalerie qu'à la fin des années soixante-dix. C'est ainsi qu'en 1977 est créé l'escadron d'éclairage de la 7ᵉ DB sur le plateau de Valdahon, la région la plus froide de France, au cœur de la Franche-Comté. Cette contrée superbe offre à l'escadron de très nombreuses possibilités d'entraînement dans un paysage varié, favorable à l'apprentissage des multiples savoir-faire spécifiques du combat d'éclairage.

Initialement monté sur jeep Hotchkiss puis sur VLTT P-4 au milieu des années quatre-vingt, l'escadron est désormais entièrement équipé de VBL Panhard.

De 1994 à 1997, l'escadron est rattaché à la 27ᵉ division d'infanterie de montagne et devient l'EED 27 avant de devenir l'escadron d'éclairage et d'investigation n° 7 (EEI 7) de la 7ᵉ brigade blindée.

L'escadron est détenteur des traditions du 1ᵉʳ escadron du prestigieux 4ᵉ régiment de dragons dissous en 1995 après s'être illustré sur tous les champs de bataille depuis sa création en 1667 en combattant tour à tour, à cheval ou à pied, en vedette fluviale ou en train en Indochine, en automitrailleuse en Algérie et au Tchad avant son engagement sur AMX-30 B2 lors de l'opération Daguet en Iraq.

L'EEI 7, unité professionnelle depuis 1999, participe pleinement aux missions de projections extérieures. L'escadron a été engagé avec la Division Salamandre en Bosnie en 1999 et a effectué trois séjours au Kosovo entre 2000 et 2002.

En 2003, l'EEI 7 quittait Valdahon après vingt six années de présence en Franche-Comté, pour poursuivre sa carrière auprès du 1ᵉʳ/2ᵉ régiment de chasseurs à Verdun.

Notre série de photos, prises lors de l'hiver 2001-2002, montre une patrouille de l'EEI 7 dans son élément naturel, les décors sauvages du Jura qui offrent à l'escadron une très large variété de possibilités d'entraînement. La patrouille est composée d'un VBL standard et d'un véhicule à tourelleau 12,7 mm CTM 105, parfaitement visible ci-dessous. *(Photos Yves Debay)*

EEI 9

Des VBL sous l'Ancre d'or

L'EEI 9 REPREND LES TRADITIONS de l'Escadron autonome de reconnaissance (EAR) formé au Maroc le 1er novembre 1944 à partir de marsouins servant sur des véhicules blindés. L'unité est destinée à œuvrer au sein des Forces expéditionnaires françaises en Extrême-Orient, chargées de lutter aux côtés des Alliés contre le Japon.

La capitulation de l'Empire du Soleil Levant mettra un terme à l'aventure, et c'est en Indochine qu'est dirigé l'escadron afin de rétablir l'ordre menacé par le Vietminh. Présent en 1946 et 1947 en Cochinchine et en Annam, les Marsouins de l'EAR participent à tous les engagements de la 1re brigade d'Extrême-Orient. Citée à l'ordre de la division avec attribution de la Croix de Guerre 1939-1945, l'unité est dissoute en décembre 1947.

L'escadron d'éclairage et d'investigation de la 9e brigade légère blindée de marine, héritier de l'EAR, voit le jour en juin 1998, en lieu et place de l'escadron antichar du 1er RIMa, à Angoulême.

Laissant leurs Peugeot P-4 MILAN pour percevoir des VBL, les marsouins de l'EEI 9 vont participer aux déploiements suivants : Tchad en 1997, Bosnie en 1999, Kosovo en 2000, 2002 et 2003, et tout récemment Côte-d'Ivoire en 2003-2004.

Ci-dessous. **Dans un paysage de bocage, un VBL de l'EEI 9 profite des couverts naturels pour effectuer une mission de reconnaissance. Le temps des jeeps ouvertes à tous les vents appartient désormais au passé prestigieux de l'escadron.**

Ci-dessus.
Dès son retour de Côte-d'Ivoire, l'EEI 9 a repris son entraînement opérationnel. Ici, une patrouille reconnaît un itinéraire dans le Périgord noir.

Ci-contre et ci-dessous.
Une patrouille est saisie sur le vif dans un paysage typiquement périgourdin. À l'arrière-plan, un VBL armé d'une mitrailleuse de 12,7 mm appuie la progression du blindé de tête qui, lui, est une version de base armée d'une 7,62 mm. Chez les marsouins, hors situation de combat, la coiffure est le petit béret bleu foncé orné de l'ancre d'or.

Les escadrons de reconnaissance et d'intervention antichar (ERIAC)

AUX CÔTÉS DES EEI, on trouve également dans l'armée de terre issue de la réorganisation de 2002, d'autres unités élémentaires dont le VBL est le véhicule principal. Il s'agit des escadrons de reconnaissance et d'intervention antichar (ERIAC).

Les ERIAC, au nombre de trois, appartiennent aux régiments de blindés roues-canon à 36 ERC-90 ou AMX-10 RC :

1er régiment de hussards parachutistes (ERC-90) pour la 11e BP ;
3e régiment de hussards pour la BFA ;
4e régiment de chasseurs pour la 27e BIM.

Unité élémentaire organique du RB 36 (régiment blindé à 36 engins), l'ERIAC en constitue le 4e escadron et lui permet de disposer d'une réelle capacité de manœuvre grâce à une structure quaternaire.

Mais le rôle principal de l'ERIAC est la reconnaissance au profit de la brigade. Il complète également la manœuvre des unités blindées roues-canon de son groupement par ses bonnes capacités antichars et d'investigation. Principalement équipé de VBL, l'escadron compte 125 personnels. Aisément projetable, l'ERIAC est fluide et discret et permet de valoriser l'action des blindés roues-canon de jour comme de nuit. Ses aptitudes au combat antichar et la furtivité des VBL font de l'ERIAC le parfait outil pour un coup d'arrêt. Ses autres possibilités de missions se rapprochent de celles des EEI : reconnaissance, contrôle de zone, recueil du renseignement, couverture, jalonnage, interdiction d'une direction ou protection d'un itinéraire.

Ci-dessous. **Exercice franco-émirati dans le secteur de la Brigade multinationale Nord au Kosovo en juillet 2000. Les VBL du 4e chasseurs ont pris position aux côtés d'un BMP-3 émirati. Une bonne opportunité pour les équipages de comparer l'armement antichar des deux blindés. Noter la caméra MIRA sur le VBL de tête. Depuis l'arrivée des français à Mitrovica en 1999, la plupart des EEI et des ERIAC ont envoyé des unités de marche dans la province ex-yougoslave.** *(Photo Yves Debay)*

ORGANIGRAMME D'UN ERIAC

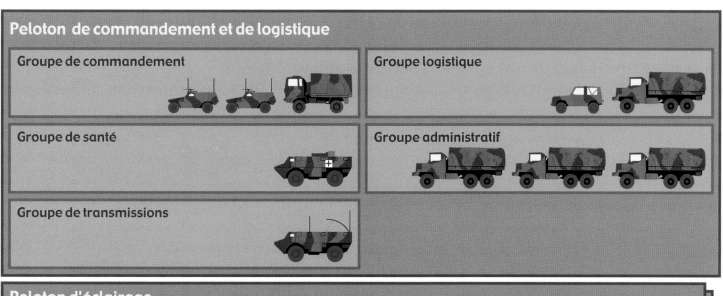

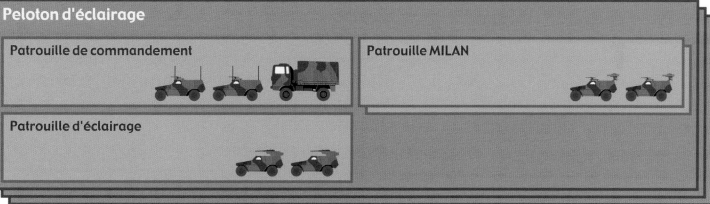

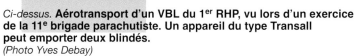

Ci-dessus. **Aérotransport d'un VBL du 1er RHP, vu lors d'un exercice de la 11e brigade parachutiste. Un appareil du type Transall peut emporter deux blindés.**
(Photo Yves Debay)

Ci-contre. **Autre aspect des ERIAC, l'action combinée avec des hélicoptères (une Alouette III, à présent remplacée par la Gazelle), ici sur fond de décor alpin.**
(Photo 4e chasseurs)

1er RHP

Les VBL de l'extrême

DEPUIS L'ÉPOQUE DU ROI SOLEIL où les « houzards » firent leur apparition dans l'armée française, cette subdivision de la cavalerie légère a toujours été en pointe. Le 1er régiment, levé sous la Régence par le comte Ladislas de Bercheny, s'est distingué sur tous les champs de bataille durant deux siècles avant de devenir une unité parachutiste en 1946. Mêlant intimement l'esprit cavalier et l'esprit paras, le 1er RHP se veut le « poing blindé » de la 11e brigade parachutiste.

La principale caractéristique du régiment est sa capacité de déploiement rapide à longue distance : il peut en effet projeter à plus de 5 000 kilomètres et en moins de 48 heures ses 36 tubes de 90 mm et ses 16 postes de tir MILAN. On peut donc affirmer que le RHP est réellement l'échelon blindé d'urgence de l'armée française.

Les hussards parachutistes ont participé à toutes les opérations contemporaines dans lesquelles l'armée de terre a été engagée : Liban avec un peloton où les premiers VBL furent évalués, Golfe, ex-Yougoslavie, Tchad et République Centrafricaine.

Ci-contre et ci-dessous. **Nos photos montrent un exercice d'aérotransport effectué lors de la manœuvre Colibri 99. La plateforme aéroportuaire de Tarbes-Lourdes, à proximité du régiment, est un atout dans les opérations de déploiement. Lors de la Guerre du Golfe, un peloton Sagaie a été embarqué en moins de 25 minutes. Vingt quatre heures plus tard, il était opérationnel dans les Émirats.**
(Photos Yves Debay)

80

Le régiment comprend trois escadrons de combat, l'ERIAC, un escadron logistique, l'URRP (unité de réserve de régiment professionnel) et enfin l'UBI (unité de base et d'instruction).

Les principaux moyens de combat du 1er RHP consistent en 36 ERC-90 Sagaie et 68 VBL, ce qui fait de ce régiment un des plus importants utilisateurs du blindé léger de Panhard au sein de l'armée de terre. Les escadrons blindés sont constitués d'un peloton de commandement et de quatre pelotons de combat, chacun composé de trois ERC-90 et trois VBL.

Ces trois photos démontrent la polyvalence du 1er RHP et son adaptation à toutes sortes de situations tactiques.

Ci-dessus à droite. **Ouverture d'itinéraire pour le 2e escadron lors de l'exercice conjoint franco-espagnol Iberia.**

Ci-contre. **Exercice d'aérotransport. Un Transall emporte deux VBL, tandis que trois peuvent embarquer dans un C-130. Ici un véhicule tout neuf du 1er escadron.**

Ci-dessous. **Les VBL du 4e escadron débarquent sur une plage lors du grand exercice Pégase en Corse.**
(Photos Yves Debay)

ERIAC 3/1er RHP

« Au-delà du possible »

A U SEIN DU 1er RHP, le 3e escadron est le seul escadron uniquement composé de VBL.

Son organisation est celle d'un ERIAC, avec un peloton de commandement et quatre pelotons antichars.

Outre son rôle de reconnaissance au sein du régiment, l'escadron peut être utilisé comme l'ultime réserve antichar de la brigade, puisque la vitesse et l'agilité des VBL lui permettent de gagner n'importe quel point menacé.

En ce qui concerne l'intensité des missions et déploiements, l'ERIAC n'a rien à envier aux autres escadrons puisqu'il fut déployé dans le Golfe (à l'époque sur P-4), au Tchad, en République Centrafricaine lors de Almandin 2 et dans les Balkans où il a effectué plusieurs séjours.

Ci-dessus. **Tir MILAN au camp de Canjuers pour le 3e escadron du 1er RHP.**

Page ci-contre, en haut à droite. **L'exercice Colibri 99 est une occasion de plus pour sortir les VBL du 3e escadron en terrain libre. Celui-ci pose pour le photographe non loin de Tarbes. En situation opérationnelle, il aurait été posté sous les couverts et dans l'ombre.**

Page ci-contre. **Chaque année l'ERIAC est testé sur ses capacités opérationnelles lors d'un camp de tir. Ici, les équipages effectuent une reconnaissance avant les tirs MILAN prévus pour le lendemain. L'équipage porte la tenue NBC.** *(Photos Yves Debay)*

Un cas limite : le parachutage d'un VBL

DANS LA PLUPART DES CAS, pour une opération extérieure, le 1er RHP sera aérotransporté. Dans les premières heures de l'opération, l'infanterie parachutiste devra s'emparer d'une plate-forme aéroportuaire. En deuxième ou troisième vague arriveront alors les appareils de transport Transall ou Hercules qui, après un poser d'assaut et moteur tournant, débarqueront Sagaie et VBL. Ce dernier peut néanmoins, le cas échéant, être largué par parachutage, son poids de 3 500 kg le situant à la limite supérieure des possibilités de descente sous voile. Mais le parachutage de véhicules blindés reste une manœuvre délicate, que peu de forces armées maîtrisent.

Le véhicule est monté sur palette par le 1er régiment du train parachutiste de Toulouse-Francazals, qui y fixe également les six parachutes de charge PL-11 ou PL-12, chacun de plus de 730 m² de surface portante. Au-dessus de la zone de largage, la palette est éjectée de l'avion par un parachute extracteur qui, à son tour, déploie les parachutes de charge. Le choc de l'arrivée est amorti par des briques de carton alvéolées protégeant le train de roulement et les parties sensibles du véhicule. Une fois au sol, le véhicule est rapidement déconditionné par son équipage qui a sauté dans un avion de la vague précédente. En moins de 10 minutes, le VBL parachuté est prêt à remplir sa mission de combat.

Ci-contre. **Six parachutes de charge PL-11 ou PL-12 sont nécessaires pour freiner la chute d'un VBL largué à 400 m du sol.**

Ci-dessous. **Le choc est rude à l'arrivée mais l'engin tient le coup comme l'ont prouvé les nombreux parachutages effectués par le 1er RHP. Cette opération a lieu sur la zone de largage de Gers, à quelques kilomètres de Tarbes.** *(Photos Yves Debay)*

Une fois à terre, le VBL est déconditionné par les équipages qui ont sauté dans la vague précédente. Dès que la palette a touché le sol, les parachutistes se ruent sur le blindé pour retirer l'armature, les bâches et les briques de carton. En moins de dix minutes (temps de paix), le véhicule est prêt au combat. Nos clichés montrent les hussards en tenue décontractée, mais en situation opérationnelle, casque et FAMAS seraient de rigueur.

LE COUP D'ÉTAT MANQUÉ DU 19 SEPTEMBRE 2002 et la capture de la ville de Bouaké par les rebelles du MPCI (Mouvement patriotique de Côte-d'Ivoire) plonge ce pays dans une guerre civile qui ne dit pas son nom. Afin de protéger ses nombreux ressortissants, la France lance alors l'opération Licorne qui, le 22 octobre, se transforme en une opération de contrôle du cessez-le-feu. À cette époque, aucun VBL n'est présent sur le territoire.

L'apparition de deux nouveaux mouvements d'opposition armés, le MJP (Mouvement pour la jeunesse et la paix) et le MPIGO (Mouvement populaire ivoirien du Grand-Ouest), ainsi que la capture de la ville de Man par ce dernier, conduit la France à étoffer son dispositif. Début décembre, la 1re compagnie du 2e REP (régiment étranger de parachutistes) reçoit l'ordre de prendre position dans la petite ville de Duékoué. Les légionnaires sont renforcés par le 1er peloton du 1er escadron du 1er RHP (régiment de hussards parachutistes), dit le « 111 », sous le commandement du lieutenant La Fontaine.

Avec ses trois VBL dont un 12,7 mm et ses trois ERC-90 Sagaie, le lieutenant La Fontaine a pour mission de mener des patrouilles et de tenir une position au nord-est de la ville, sur la piste menant au village de Blodi. La position est tenue en permanence par deux Sagaie et un VBL.

Le 20 décembre vers 13 h 00, une Mercedes rouge bourrée de mutins débouche du virage, plongeant derrière la crête à 1 500 m de la position des hussards paras. Un tir de semonce n'a aucun effet sur le véhicule qui fonce sur les soldats français. À 750 m, un deuxième tir de semonce avec l'ANF1 de tourelle du Sagaie Sébastopol n'a pas plus d'effet. Un tir de destruction est alors ordonné, tandis que les occupants de la Mercedes pointent un RPG-7 et ouvrent le feu à la Kalashnikov. Aux tubes de l'ERC-90 s'ajoute la mitrailleuse de 12,7 mm du VBL. Dans la poussière soulevée par les explosions, les hussards

Ci-contre. **VBL du 1er RHP à Duékoué.**

Ci-dessous. **Deux des premiers VBL débarqués en Côte-d'Ivoire lors de l'opération Licorne. Les véhicules appartiennent au 1er RHP.**
(Photo Yves Debay)

Le RHP en Côte-d'Ivoire
Le peloton « 111 » accroché à Duékoué

Dans l'armée française, la tradition s'installe progressivement de commémorer les opérations extérieures par des insignes très recherchés des collectionneurs. Le 1er RHP en témoigne : aux insignes des unités ayant participé à l'opération Licorne (à gauche, celui du 1er escadron, au centre celui du 2e), nous avons ajouté (à droite) un insigne du 2e escadron au Kosovo, ce dernier rehaussé d'une belle évocation du VBL.

Ci-dessus. **Prise le lendemain de l'accrochage du 20 décembre, cette photo montre un VBL et une Sagaie du « 111 ». C'est de cette position que la Sagaie a détruit les véhicules rebelles.**

Ci-contre.
Un VBL à l'entrée de la piste de Blodi qui vit se dérouler plusieurs affrontements entre les soldats de l'opération Licorne et les rebelles du MPIGO. *(Photos Yves Debay)*

parachutistes aperçoivent deux 4 x 4 bourrés de rebelles en armes. La deuxième Sagaie Philipsbourg ouvre à son tour le feu tandis que la mitrailleuse du VBL se déchaîne. Les véhicules ennemis sont détruits. Le VBL vient de connaître son baptême du feu en Afrique.

Dans les semaines qui suivront, aux côtés des légionnaires parachutistes, les VBL seront engagés et riposteront à plusieurs reprises, notamment le 6 janvier 2003, lors d'une importante attaque du MPIGO sur les positions de Duékoué. L'affrontement qui voit les rebelles attaquer au mortier et au RPG-7, leur coûtera 30 hommes, pour 9 blessés côté français.

À l'avant de ce VBL, le capitaine commandant la 1re compagnie du 2e REP discute avec un chef de village venu lui demander sa protection. Sur le tourelleau PL 127, un hussard parachutiste scrute attentivement le débouché de la piste par où, à tout moment, peuvent surgir les rebelles.

Cette vue montre l'ensemble de la position française à la sortie sud-est de Duékoué. Le VBL PL 127 a remplacé la Sagaie partie en patrouille. Depuis le début de l'engagement dans l'ouest ivoirien, le « 111 » a toujours maintenu une présence sur cette position. *(Photos Yves Debay)*

ERIAC 4/4e RCh

Des VBL en montagne

RÉGIMENT BLINDÉ de la 27e brigade d'infanterie de montagne (BIM), le 4e chasseurs est une unité bien spécifique puisqu'elle cultive à la fois les vertus des cavaliers et celles des alpins, l'esprit d'équipage et l'esprit de cordée.

Équipé d'ERC-90 Sagaie et de VBL, ce régiment blindé de montagne est apte à être projeté sans délai sur des terrains difficiles avec conditions climatiques rigoureuses, et à y durer. Au sein de la 27e brigade d'infanterie de montagne, le 4e chasseurs a vocation à opérer dans les vallées ou sur les flancs en opération offensive ou défensive ou en contrôle de zone. Du fait de sa mobilité, le régiment peut couvrir de vastes étendues où ses blindés seront employés en couverture et en éclairage, mais aussi en combat antichar aux côtés des chasseurs alpins.

Outre ses trois escadrons roues-canon, le 4e chasseurs compte un 4e escadron, faisant fonction d'ERIAC, qui a participé à de nombreux déploiements hors de métropole : au Kosovo, au Tchad et en Afghanistan où, en mai 2002, il prend en compte les VBL du 1er spahis en relevant le personnel de ce régiment.

Page ci-contre. **Une patrouille de deux VBL dans le cadre d'un entraînement régimentaire. La scène se passe à l'hiver 2003. Les VBL de l'ERIAC n'ont pas été recouverts de peinture blanche car, à cette époque, la plupart des VBL « blancs » étaient au Kosovo. Avec ses pneus munis de chaînes le blindé léger de Panhard se comporte d'une façon remarquable sur les routes verglacées.**

Ci-dessous. **Le 4e chasseurs dispose d'un terrain d'entraînement dans la vallée du Haut-Dévoluy. Contrairement au Hummer trop large et mal à l'aise sur les sentiers de chèvres, le VBL est bien adapté au service en montagne.** *(Photos Yves Debay)*

Deux vues typiques de l'action des blindés en montagne. Les engins surplombent la vallée et un seul poste de tir (MILAN sur la photo de droite) peut en interdire l'accès. La mitrailleuse (photo de gauche) se révèlera elle aussi très efficace pour contrer à longue distance l'infanterie débarquée. *(Photos Yves Debay)*

Le 4ᵉ chasseurs
au Kosovo

AU PRINTEMPS 2000, le 4ᵉ chasseurs est envoyé en relève au Kosovo. La Brigade multinationale Nord, basée à Mitrovica et placée sous commandement français, dispose entre autres d'un escadron de reconnaissance qui est fourni par les EEI et ERIAC de l'armée de terre française.

Excentré au sud de Mitrovica, les VBL de cet escadron effectuent des patrouilles et des reconnaissances d'itinéraires, et participent également à la mise en place de check points mobiles. Ces opérations de contrôle de zone sont tout à fait dans les cordes du 4ᵉ chasseurs qui doit assurer des missions similaires au sein de la 27ᵉ brigade d'infanterie de montagne.

L'entraînement au combat conventionnel n'est pas oublié et lors de son déploiement au Kosovo, l'ERIAC du 4ᵉ chasseurs va pouvoir cotoyer les BMP-3 et Leclerc du contingent émirati.

Ci-dessus. **Un check point mobile avec BMP-3 émirati et VBL français du 4ᵉ chasseurs. Celui du premier plan est doté d'un MILAN.**

Ci-dessous à gauche. **Tous phares allumés, un VBL en version de base passe devant un BMP-3 émirati.**

Ci-dessous. **En ce printemps balkanique pluvieux, la boue recouvre les bas de caisse, ce qui est le meilleur camouflage naturel.**

Pour conclure sur l'arme blindée-cavalerie
Au 2ᵉ hussards, des VBL plus que discrets

LE PLUS IMPORTANT UTILISATEUR de VBL au sein de l'armée française est le 2ᵉ régiment de hussards. Et c'est paradoxalement le plus discret de tous.

Le fameux régiment créé en 1734 par le comte Esterhazy n'a cessé de se couvrir de gloire, au sein de la cavalerie légère, pendant plus de deux siècles. Valmy, Jemappes, Texel où ils capturent la flotte hollandaise, Austerlitz, Friedland, la conquête de l'Algérie, Solférino et Gravelotte voient les hussards de Chamborant (du nom de leur colonel-propriétaire en 1761) sabrer l'ennemi avec panache, tandis que la Grande Guerre leur apporte son lot de misère et de gloire. Pendant la guerre froide, l'unité, basée à Sourdun entre Troyes et Paris, est le régiment de reconnaissance du 3ᵉ corps d'armée (sur AMX-10 RC).

L'année 1998 est un tournant majeur pour ces cavaliers qui, en intégrant la toute nouvelle Brigade de renseignement, vont quitter la pleine lumière et devenir, avec les « soldats de l'ombre » du 13ᵉ dragons parachutistes, l'une des composantes recherche humaine de la Force d'action terrestre.

La nouvelle mission du 2ᵉ hussards est d'utiliser le VBL pour, de nuit, s'infiltrer, passer les lignes adverses et opérer à 150 km dans la profondeur du dispositif ennemi. Recouverts d'un épais filet de camouflage et opérant dans l'obscurité totale, les VBL sont le principal vecteur d'infiltration du régiment.

Des moyens d'observation et de transmissions ultra sophistiqués permettent au commandement de disposer de renseignements en temps réel. Les patrouilles se composent en général de deux cellules, chacune sur un VBL : l'une observe tandis que l'autre renseigne. Des VBL spécialement modifiés — qui sont pour le moment « classifiés » — opèrent au sein de ce régiment très spécial.

Ci-dessus et ci-dessous. **Ces deux VBL portant un épais filet de camouflage évoquent les conditions d'opérations du 2ᵉ hussards. Dans la réalité, l'infiltration se ferait de nuit. Ici, le blindé léger est utilisé pour opérer derrière les lignes ennemies et y déposer des équipes de surveillance.**

Les sections de reconnaissance régimentaires (SRR)

Ci-dessus. **La SRR du 2ᵉ régiment étranger d'infanterie va être intensivement utilisée en Macédoine lors de l'opération Moisson Essentielle, placée sous commandement britannique. La section assure le bouclage d'une zone à l'ouest de Tetovo où sera opérée une collecte d'armes de l'UCK albanaise. Le VBL est bien sûr l'engin idéal pour débuter une opération de ce genre en reconnaissant les zones où s'installeront les VAB de l'infanterie dans la deuxième partie de la mission. On note sur la porte le logo TFH de l'opération Task Force Harvest (littéralement, « groupement Moisson »).** *(Photo Yves Debay)*

AU SEIN DE LA COMPAGNIE d'éclairage et d'appui (CEA) de chaque régiment d'infanterie de l'armée française, existe une section de reconnaissance régimentaire (SRR).

Comme sa mission l'indique, la SRR est chargée des missions de reconnaissance au profit du régiment et peut, de ce fait, être considérée comme les « yeux du colonel ». Si le régiment se déplace, et en l'absence d'unité de circulation routière, la SRR peut également jalonner un itinéraire et montrer ainsi la route à suivre aux rames du régiment. Enfin, au combat, grâce à sa mobilité, la SRR peut être engagée pour protéger les flancs du régiment et éviter tout débordement, ou mener un rapide coup d'arrêt antichar grâce à sa patrouille MILAN.

Divers véhicules sont utilisés au sein des SRR : Auverland pour la 11ᵉ brigade parachutiste, Peugeot P-4 ou VBL pour l'infanterie et les troupes de marine. En raison de leur blindage, les VBL sont plutôt employés lors des missions extérieures, et on peut affirmer qu'ils ont rendu d'inestimables services dans les Balkans.

Dans les SRR, l'accent est mis sur les moyens de transmission et d'acquisition avec notamment l'installation du SIR (système d'information régimentaire) qui donne aux chefs de patrouille une vision complète de l'engagement du régiment sur le terrain.

Au sein des SRR, dans l'infanterie, le VBL continue à démontrer ses qualités. À la SRR du 2ᵉ REI, les VBL ont, par exemple, effectué 100 000 kilomètres sans problème majeur.

La SRR comporte dix VBL répartis comme suit :
— une patrouille de commandement à deux VBL ;
— trois patrouilles de reconnaissance à deux VBL chacune (l'un emporte un AT-4 et l'autre un ERYX) ;
— une patrouille antichar avec deux VBL Milan.

Ci-dessus. **Un VBL du 8ᵉ RPIMa quitte le QG du Bataillon d'infanterie motorisée à Mitrovica, dans le nord du Kosovo. Depuis son introduction au sein de la FORPRONU, le VBL est toujours en pointe dans les Balkans. Les engins appartiennent à la SRR du régiment.**

Ci-contre. **Même si la situation est stabilisée en Bosnie, la vigilance reste de rigueur. Ces VBL de la SRR du 3ᵉ RIMa patrouillent au sud de Jablanica.** *(Photos Yves Debay)*

(Infographie Éric Baltzer © Histoire & Collections 2004)

ORGANIGRAMME D'UNE SRR

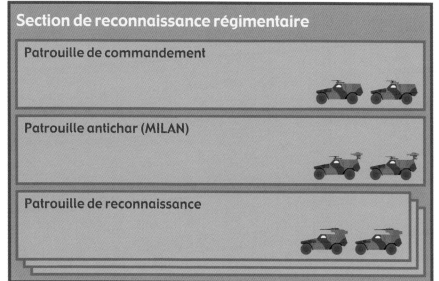

Section de reconnaissance régimentaire

Patrouille de commandement

Patrouille antichar (MILAN)

Patrouille de reconnaissance

Ci-dessus.
La SRR du 2ᵉ REI fait une pause à l'entrée de Tetovo en Macédoine, avant de s'engager en montagne pour y recevoir les armes de l'UCK.

Ci-contre. **Un VBL du Régiment de marche du Tchad passe le fameux pont de Mitrovica. On peut noter les inscriptions KFOR et le bariolage fatigué du véhicule. Des éléments en couleur sable ont été rajoutés sur la caisse d'origine. À Mitrovica, deux VBL ont été incendiés à l'aide de cocktail Molotov lors de démonstration de colère de la population albanaise.**

Ci-dessous. **L'exercice 2001 est une bonne occasion pour la SRR du 3ᵉ RIMa de reconnaître un axe routier dans la région de Perpignan. Les grandes manœuvres se font rares dans l'armée de terre de l'après-guerre froide, aussi la moindre sortie est-elle appréciée des équipages. L'aspect flambant neuf du véhicule contraste avec celui du VBL présenté ci-contre.** *(Photos Yves Debay)*

LE VBL
DANS LE
MONDE

MEXIQUE

Premier client à l'export, et premier client tout court

C E GRAND PAYS D'AMÉRIQUE DU NORD est le premier utilisateur du VBL, ce avant même que l'armée française ne décide officiellement de s'en doter.

On raconte que l'adoption du VBL par l'Ejercito Mexicana est le résultat d'un coup de cœur du président mexicain lorsqu'il vit le petit véhicule blindé pour la première fois. De fait, l'achat de VBL n'avait pas été programmé, mais le véhicule ayant été présenté conjointement avec l'ERC-90 Lynx lors d'une démonstration aux officiels mexicains intéressés par un blindé roues-canon, il ne lui en fallut pas plus pour susciter le plus vif intérêt : une commande de 40 VBL est signée au milieu de l'année 1984 et les premières livraisons interviennent l'année suivante, faisant du Mexique le premier utilisateur officiel du VBL avant l'armée de terre française. Les versions commandées sont, outre les véhicules standard armés d'une mitrailleuse MAG 80 de 7,62 mm, des VBL PC (sur châssis court) et MILAN.

Les VBL sont sans doute répartis dans les unités de reconnaissance de la brigade blindée qui compte trois régiments blindés et un régiment d'infanterie mécanisée. Avec les Lynx, ils seront engagés contre la guérilla du commandant Marcos dans la province de Chiapas.

Ce VBL, numéro 209, attaque une descente plus qu'abrupte, ce qui nous laisse découvrir ses excellentes qualités tous terrains. La position permet de bien visualiser le bariolage mexicain et les deux grilles circulaires d'extraction d'air du moteur caractéristiques des tout premiers exemplaires de production. L'armement standard est constitué d'une mitrailleuse FN MAG 80 de construction belge. *(Photo Panhard)*

Des VBL de l'armée mexicaine lors d'un défilé à Mexico en septembre 1990. Nous n'avons pas de détail sur l'unité mais il semblerait que ces véhicules appartiennent au bataillon de reconnaissance de la brigade blindée. La numérotation des engins dénoterait la présence de trois compagnies à 12 VBL, chaque compagnie étant identifiée par le premier chiffre (1, 2 et 3) du numéro inscrit sur l'avant. En arrière-plan sont visibles d'autres engins Panhard : des ERC-90 Lynx *(photo du haut)* et des VCR *(photo du bas, dont un rare en version quatre roues avec deux hydrojets)*. On remarque également les différences dans le schéma de bariolage des VBL, ce qui donne une touche d'originalité à chaque véhicule. Nos photos montrent environ la moitié de la dotation en VBL de l'Ejercito Mexicana. *(Photos Panhard)*

PORTUGAL

Bon pour le service dans les Balkans

AVEC 38 VBL EN SERVICE, le Portugal a été le premier pays européen, en dehors de la France, à acquérir le VBL. Il est vrai que dans le passé, l'Exercito avait fait grand usage de matériels provenant de chez Panhard avec des EBR-75 FL10, des ETT (EBR transport de troupes) et des AML-60 et 90.

Les commandes portugaises, qui ont débuté en décembre 1987 avec 14 engins, se sont progressivement développées, notamment dans le cadre de l'engagement de l'OTAN en Bosnie, où l'Exercito devait fournir un contingent à l'IFOR. La zone de responsabilité confiée à ce premier contingent portugais couvrait l'enclave de Gorazde, reliée à Sarajevo par une étroite route de montagne. La protection de cette artère vitale devait se faire en coopération avec les parachutistes de la brigade aéroportée lusitanienne.

Or, pour escorter les convois et assurer les missions de surveillance, les Portugais ne disposaient que de blindés légers V-200

Chaimite, une version locale du Cadillac-Gage Commando développée par le Portugal à la fin des années soixante pour la lutte anti-guérilla dans ses colonies africaines. Totalement inadapté au terrible hiver balkanique (des températures de - 25° ont été enregistrées dans le compartiment de combat), les Chaimite vont néanmoins poursuivre leur mission jusqu'à l'arrivée des VBL.

Faute de crédits, ces derniers ne remplacent pas encore totalement le Chaimite et l'on a vu au Kosovo les deux modèles de blindés opérer ensemble.

Le déblocage progressif de crédits permettra sans doute, dans les années à venir, le remplacement total des V-200 par des VBL, en plusieurs versions. L'histoire du VBL au Portugal — où il est dénommé M-11 — ne fait que commencer.

Ci-dessous. **L'un des premiers M-11 (VBL) de l'Exercito, photographié dans un paysage typiquement lusitanien.** *(Photo M. Machado)*

LES DIFFÉRENTES VERSIONS DU M-11 (VBL) PORTUGAIS

Châssis court, 7,62 mm

La version de base du M-11 en service au Portugal est, comme en France, armée d'une mitrailleuse de 7,62 mm, montée sur un rail circulaire au-dessus de l'emplacement du chef de bord. Fait remarquable, les Portugais utilisent la vieille Browning M-1919.

Châssis court, MILAN

Sur tous les VBL, il est prévu un emplacement, à l'arrière, pour le montage d'un poste de tir MILAN. L'armée portugaise utilise cette configuration. L'installation se fait de façon tout à fait classique, et sur les véhicules à châssis court.

À gauche. **Ce M-11 à châssis court est équipé, à l'arrière, pour recevoir un poste de tir MILAN.**

À droite. **Gros plan sur la mitrailleuse Browning M-1919 de 7,62 mm.**

Ci-dessous. **Vue inhabituelle d'un M-11 au Kosovo. Le blindé garde le pont stratégique sur la rivière Klina. On détaille parfaitement le lot de bord et le support de jerrycan.**
(Photos Yves Debay)

Châssis long M-11D

Les véhicules à châssis long reçoivent au Portugal la dénomination complète de M-11D 4x4 M/89-91.

Version mitrailleuse de 12,7 mm

Cette variante classique utilisée par le Portugal est dotée du tourelleau PL127 armé d'une mitrailleuse Browning M-2 de 12,7 mm. Cet armement est exclusivement monté sur des véhicules à châssis long.

Version lance-grenades SB-40

Les militaires portugais ont choisi d'équiper une partie de leurs véhicules à tourelleau PL127 d'un lance-grenades automatique de 40 mm qui y remplace la 12,7 mm. L'arme, désignée SB-40, est fabriquée par la société espagnole Santa-Barbara. Elle peut tirer des grenades à haute vitesse initiale M-383, M-384, M-385 et M-430 à une cadence de 200 coups/minute jusqu'à 1 500 m. L'alimentation se fait par bandes de 25 à 50 coups.

Version radar

Le M-11D sert également de support à une version radar, embarquant un matériel américain type AN/PPS-5. Il s'agit d'un radar de surveillance du champ de bataille pouvant détecter les mouvements, aussi bien de personnels que de véhicules. Ces véhicules radar sont regroupés en une section spécialisée dite VCB (Vigilância do campo de batalha).

Ci-dessus. **Ce cliché d'un M-11D 4x4 M/89-91 dans sa version 12,7 mm permet de voir, outre l'arrière du véhicule, le coffre monté au dos du tourelleau PL 127, contenant les munitions de 12,7 mm.**

Ci-dessus et ci-contre. **Ce véhicule à châssis long visiblement tout droit sorti de l'usine est destiné à la brigade légère d'intervention. L'engin est équipé du tourelleau PL127 armé de l'indémodable Browning M-2 de 12,7 mm.** *(Photos M. Machado)*

Cet autre M-11D 4x4 M/89-91 (VBL châssis long) flambant neuf a reçu lui aussi le tourelleau PL127 mais cette fois-ci armé du lance-grenades Santa-Barbara de 40 mm. Comme le montre la photo de détail *(ci-dessus)*, le tireur est littéralement enveloppé dans le blindage pour sa protection. *(Photos M. Machado)*

Un matériel vieillissant à remplacer,
le BRAVIA CHAIMITE

AU DÉBUT DES ANNÉES SOIXANTE, la société BRAVIA développe pour l'armée portugaise un véhicule destiné aux escortes pour ses colonies africaines. L'engin est très similaire au Cadillac-Gage Commando américain. La production atteint maintenant plus de 600 exemplaires dont certains sont encore en service au Portugal (96 ex.), au Liban (15 ex.), en Lybie, au Pérou (15 ex.), et aux Philippines (20 ex.).

La caisse peut accueillir 11 hommes dont deux forment l'équipage, le pilote à gauche et le chef de bord à droite. L'embarquement se fait par deux portes latérales, s'ouvrant en deux parties (le haut vers l'arrière et le bas devenant marche-pied) et une porte arrière.

Doté d'un moteur V-8 turbo de 200 chevaux, le Chaimite est amphibie, propulsé par ses roues.

Il existe de multiples versions de l'engin dont le V-200 de transport de troupes, le V-300 de reconnaissance (armé d'un canon de 20 mm), le V-400 de reconnaissance (armé d'un canon de 90 mm), le V-500 de commandement, le V-600 porte-mortier, le V-700 antichar, le V-800 ambulance et le V-900 de dépannage.

Ci-dessus. **Bien loin de l'Afrique pour laquelle il a été conçu (il n'est pas équipé de chauffage), le Chaimite connaîtra l'action en Bosnie dans des conditions hivernales très rudes pour le personnel. Le Chaimite vu ici assure une mission de protection entre Sarajevo et l'enclave de Gorazde.** *(Photo Yves Debay)*

L'escadron de reconnaissance dans l'*Exercito*

EN 2002, LE PORTUGAL DISPOSE , comme on l'a vu, de deux versions du VBL, le M-11 (châssis court) et le M-11D 4x4 M/89-91 (châssis long). Ces engins, attachés à la Force d'action rapide portugaise, servent au sein de deux escadrons de combat :

— Esquadrào de reconhecimento da brigada ligeira de intervencào, escadron de reconnaissance de la brigade légère d'intervention ;

— Esquadrào de reconhecimento da brigada aero-transportada independante, escadron de reconnaissance de la brigade aéroportée.

En temps de paix et pour des raisons administratives, les deux unités sont rattachées au régiment de cavalerie n° 6 de Braga pour l'escadron de la brigade légère d'intervention et au régiment de cavalerie n° 3 d'Estramoz pour celui de la brigade aéroportée.

Les deux escadrons ont une organisation similaire avec :

— une section de commandement dotée d'un VBL, d'un V-200 PC et de divers véhicules ;

— une section de surveillance du champ de bataille (appelée VCB pour Vigilância do campo de batalha), avec trois VBL radar ;

— trois pelotons de reconnaissance comprenant une section de commandement avec un VBL, un groupe de reconnaissance à quatre VBL dont deux MILAN, un groupe V-200 canon de 90 mm à 3 véhicules, un groupe portée sur V-200 à 2 véhicules, et enfin un groupe d'appui avec un V-200 mortier de 107 mm.

Le soutien est assuré par une section de maintenance, une section logistique et une section sanitaire.

On trouve également des M-11 (VBL) à l'École d'application de la cavalerie à Santarem, où ils sont utilisés pour l'apprentissage des pilotes.

Le VBL a toutes les chances de devenir, à moyen terme, l'un des principaux véhicules de combat de l'armée lusitanienne, puisqu'il va remplacer le reliquat des V-200 Chaimite, proches de la retraite.

Insigne de la brigade aéroportée indépendante portugaise.

Insigne de l'École de cavalerie.

Insigne de l'escadron de reconnaissance de la brigade d'intervention.

Ci-dessous. **Été 1999, ces M-11 (VBL) flambant neufs, qui viennent de recevoir l'inscription KFOR, attendent leur embarquement pour le Kosovo.** *(Photo M. Machado)*

ESCADRON DE RECONNAISSANCE (armée portugaise)

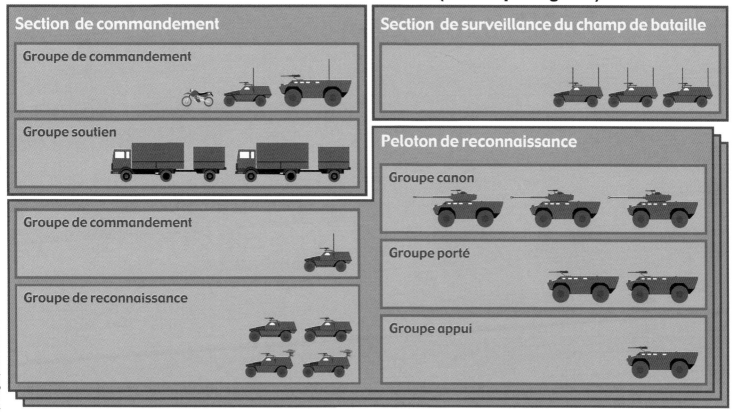

VBL de la Task Force Pegasus effectuant un check point mobile au sud-est de Klina. L'insigne national (carré blanc frappé de la croix lusitanienne) n'était pas présent lors du déploiement initial de l'automne 1999. La photo est prise ici en octobre 2000.

TASK FORCE PEGASUS

EN AOÛT 1999, LE GROUPEMENT BRAVO de la brigade aéroportée portugaise relève, dans la ville de Klina, le bataillon italien San Marco entré dans la ville juste après le départ de l'armée yougoslave. Trois groupements de l'armée portugaise dont Charlie de la brigade légère d'intervention et Delta de la brigade mécanisée serviront au Kosovo sous le commandement de la brigade multinationale Ouest (MNBW) dite brigade « latine » puisque, sous commandement supérieur italien, on y trouve des soldats espagnols, portugais et argentins.

La Task Force Pegasus portugaise a pour mission le contrôle de la ville de Klina, un important carrefour routier, et de ses environs, région connue pour être le berceau de l'UCK. Pour les soldats lusitaniens, pourtant rôdés par la Bosnie et l'Afrique, c'est une mission des plus délicate à remplir.

Pour la mener à bien, la Task Force Pegasus dispose d'un état-major, d'un escadron de reconnaissance, d'un escadron de police militaire et d'un escadron d'appui et de services.

Le fer de lance de la Task Force Pegasus est l'escadron de reconnaissance mettant en œuvre des V-200 Chaimite et les M-11 (VBL), dont c'est la première sortie en dehors du Portugal. Escortes, contrôle, protection du monastère orthodoxe de Budisaci, check points sauvages permettant la saisie d'armes et surveillance du pont stratégique de la rivière Beli Drim seront les principales missions remplies par l'escadron. Des renforts sont également envoyés sur Mitrovica lors des flambées de violence chronique que connait la ville, ce qui permet de voir œuvrer ensemble VBL portugais et français

Le 22 avril 2001, après vingt deux mois de présence à Klina, les militaires portugais abandonnent le Kosovo pour un nouveau théâtre d'opérations, le Timor-Oriental.

Ci-dessus et ci-dessous.
Patrouille dans le centre ville de Klina. Comme toutes les forces de la KFOR, la première mission de la Task Force Pegasus est de rassurer la population. Le M-11 (VBL), sans être un monstre blindé, est un engin bien adapté à cette mission. Nos photos montrent des M-11 montés par les paras du groupement Bravo de la Task Force Pegasus en octobre 1999. *(Photos Yves Debay)*

Ci-dessus. **Deux M-11 (VBL) de la Task Force Pegasus dans une rue de Klina, en plein centre du Kosovo. Cet important carrefour stratégique sur la route Pec - Pristina est considéré par les Kosovars comme le berceau de l'UCK. Aussi les Portugais vont-ils multiplier les patrouilles, notamment en véhicules, et les check points mobiles afin de saisir des armes. Lors des opérations Storm de recherche d'armes, 275 fusils d'assaut, 10 RPG, 129 roquettes, un mortier et un lance-missile seront confisqués.**
La Task Force Pegasus dispose d'un escadron de reconnaissance doté de deux pelotons mixtes dotés de M-11 (VBL) et de Chaimite.

Ci-dessus et ci-contre. **Un M-11 portugais engagé dans l'opération Storm est vu ici à proximité de la ligne de chemin de fer Pec - Pristina, qui fut abondamment bombardée par les Américains. L'engin est doté d'un coupe-cable. Un simple filin d'acier tendu en travers d'une route reste, en dépit de sa rusticité, un moyen sérieux d'occasionner des dégats matériels et humains. Le système de prévention, composé de deux barres d'acier soudées sur le véhicule, a été improvisé par l'atelier de campagne de la Task Force.**

Outre le sigle KFOR commun à toutes les nations engagées, le port d'insignes de nationalité très visibles (ici le drapeau portugais flottant sur l'antenne s'ajoutant à celui qui est peint entre les vitres avant, plus la croix lusitanienne sur fond blanc de chaque côté sur la portière) est une des caractéristiques des véhicules portugais. *(Photos Panhard, Vincent Miaux)*

Au Kosovo, le VBL est unanimement apprécié par ses utilisateurs, qu'ils soient français, grecs ou portugais. Le véhicule trouve parfaitement sa place dans ce type d'opérations basse intensité mais qui peut connaître des flambées de violence. Nos photos montrent des VBL portugais de la Task Force Pegasus dans la région de Klina à la fin 1999. Les véhicules assurent des missions de surveillance *(deux clichés ci-contre)*, **ou des patrouilles avec les vieux Chaimite** *(ci-dessous).* *(Photos Yves Debay)*

GRÈCE

Encore un coup de foudre

TOUT COMME POUR LE PORTUGAL, c'est dans l'urgence qu'une décision d'achat de quelques VBL est prise par les forces armées helléniques.

Initialement, la Grèce ne souhaitait pas acquérir de VBL. Cependant, pour intervenir dans les Balkans, il fallait sans délai à la Force d'action rapide grecque un véhicule léger et blindé. Le Hummer ne donnant pas satisfaction à cause de sa largeur inadaptée aux étroits chemins des Balkans et de sa mauvaise tenue de route sur le verglas, six VBL sont commandés chez Panhard en 1997 et aussitôt livrés à l'armée grecque qui les engage dans l'opération Alba en Albanie en 1998. Un haut responsable militaire hellénique déclarera : « Entre nos soldats et le VBL, ce fut le coup de foudre. Le véhicule était parfaitement adapté à nos besoins. »

Les performances et la facilité d'entretien et d'utilisation du VBL lors des opérations ultérieures au Kosovo et en Macédoine vont conduire le gouvernement grec à signer, à ce jour, dix contrats s'é-

tageant entre 1997 et 2004. Chaque contrat porte sur un nombre limité de véhicules mais ce flux régulier présente l'avantage de faciliter la production et les livraisons. De plus, les militaires grecs ont fait confiance à la définition d'utilisation de l'EMAT (état-major de l'armée de terre) français, ce qui n'entraîne aucune différence notable entre un véhicule livré à l'armée française et un VBL destiné au pays des Dieux.

Un total de 242 VBL a été commandé à ce jour par les forces armées helléniques, en plusieurs versions : châssis longs et courts, armement standard, MILAN ou tourelleau PL 127. Les VBL grecs ont été engagés au Kosovo, en Macédoine et en Afghanistan.

Ci-dessous. **Un VBL long flambant neuf du Greek Bat assure la protection d'un monastère orthodoxe au Kosovo en 2000. Son bariolage Centre Europe est rigoureusement identique à celui adopté par l'armée française.** *(Photo Yves Debay)*

LES VBL GRECS
dans les Balkans

DÈS SA CRÉATION, la Force d'action rapide grecque est engagée dans les Balkans. Membre de l'OTAN, la Grèce ne faillira pas à sa mission au sein de la KFOR, malgré une sympathie certaine pour la cause orthodoxe. Au total, 1 200 soldats grecs vont servir au Kosovo.

Une compagnie de police militaire, provenant de la 24ᵉ brigade grecque, est chargée du contrôle de la circulation sur l'axe Hawk menant de Skopje à Pristina. Cette compagnie, dont le VBL est la principale monture, est directement attachée au quartier général de la force. Ses blindés légers patrouillent sur la route défoncée par la guerre et régularisent un trafic intense, notamment dans le goulot d'étranglement formé par les gorges de Kacanik.

La principale unité hellène de la KFOR est le Greek Bat, intégré à la brigade multinationale Est sous commandement américain. Les unités se relayant pour former le Greek Bat proviennent de la Force d'action rapide grecque, basée à Giannitsa près de Thessalonique. Il s'agit essentiellement des 501ᵉ et 525ᵉ bataillons mécanisés. Pour sa mission au Kosovo, le Greek Bat se compose de trois compagnies de combat mécanisées, une compagnie d'appui et différentes unités spécialisées. Au sein de la compagnie d'appui, on trouve un peloton de reconnaissance avec six VBL.

Les VBL grecs participent également à l'opération Essential Harvest en Macédoine au printemps 2001. À cette occasion, les engins attachés au 525ᵉ bataillon mécanisé grec de la Task Force Harvest multiplient les patrouilles autour du camp de Krilovac où sont entreposées les armes collectées auprès des rebelles albanais.

Ci-dessous. **Le Greek Bat est affecté à la brigade multinationale Est (MNB-East). Ici des soldats grecs, montés sur un VBL châssis long, s'entretiennent avec des GI's de la Task Force Tiger. Depuis la guerre du Golfe, le V inversé est présent sur tous les véhicules des coalitions internationales. La photo est prise au Kosovo au printemps 2000.** *(Photo Yves Debay)*

Check Point sur l'axe *Hawk*

Indépendamment de leur mission au sein du Greek Bat, on trouve des soldats grecs utilisant le VBL à l'escadron de circulation de la KFOR. Cet axe routier est vital pour l'approvisionnement à la fois du Kosovo et de la Force multinationale. Véritable « route de Birmanie » de la KFOR, l'axe Hawk part de Skopje en Macédoine (Fyrom) pour atteindre Pristina, à 150 kilomètres plus au nord.

Le trafic intense peut être facilement coupé dans les gorges de Katcanic. Dès le franchissement du poste frontière de Blace, le visiteur apercevra des VBL grecs de la 24e brigade. Les policiers militaires hellènes sont là pour régulariser le trafic et veiller sur la sécurité des usagers. Nos photos montrent ces hommes en action sur le premier check point après la frontière. Ci-dessus, une voiture de l'UCK risque de se voir rappeler à l'ordre pour excès de vitesse.

VBL du 501e bataillon mécanisé de la Force d'action rapide grecque, principal fournisseur de troupes pour le Greek Bat au Kosovo.
Ces engins ont été livrés avec le bariolage Centre Europe trois tons du modèle français, le mimétisme s'étendant même
aux disques de classe de pont. Seule la plaque d'immatriculation sur fond blanc avec petit drapeau grec permet de les distinguer.
On remarque ci-dessous le double armement sur tourelleau PL 127. *(Photos Yves Debay, Panhard et V. Miaux)*

Opération Essential Harvest

Au printemps 2001, l'OTAN tente de désamorcer la crise qui secoue la Macédoine (Fyrom). Ce sera l'opération Essential Harvest (Moisson essentielle). En signe de bonne volonté, les rebelles albanais de l'UCK rendent une partie de leurs armes. Le 525ᵉ bataillon mécanisé grec, descendu du Kosovo, participe à l'opération. Sa mission est de veiller sur les stocks d'armes entreposées sur le camp militaire de Krilovac.

ple
na

am
ga
si
m
di
m
se
tr

Nos photos montrent des VBL de la section d'éclairage du bataillon patrouillant dans les environs de cet endroit particulièrement désertique. Noter le marquage spécial de l'opération, appliqué sur les véhicules : au milieu d'un triangle surligné de blanc, les lettres TFH pour Task Force Harvest. Les VBL présentés ici sont pourvus d'un girophare bleu.

La photo ci-contre montre bien la position décalée, bien spécifique des VBL grecs, du tourelleau PL 127. *(Photos Yves Debay)*

Ci-dessus. **Vue de trois quarts avant du véhicule présenté page précédente, un VBL de commandement reconnaissable ici à ses trois antennes. On note les grilles d'extraction d'air du moteur typiques des premiers modèles destinés à l'exportation. Le cercle jaune sur la porte indique probablement l'appartenance de l'engin à une section de commandement. La plaque GP est commune à tous les véhicules de la garde présidentielle.** (Photo Panhard/C. Fillol)

Ci-contre. **Véhicule doté d'un tourelleau équipé d'une mitrailleuse de 12,7 mm. Le Gabon a été le premier pays à recevoir cette version du VBL, et par conséquent pourvue du CTM-105 original. La photo montre à quel point le tourelleau change la silhouette du petit blindé. L'arme est ici en position antiaérienne.** (Photo Panhard/Dumont)

Ci-contre.
La garde présidentielle gabonaise a été aussi la première unité au monde à être équipée d'un VBL radar. Il n'en existe qu'un seul exemplaire, vu ici le 30 janvier 1989 dans la caserne de la GP à Libreville. Le radar est un Elta israélien de surveillance aérienne de 30 km de portée.
(Photo Panhard/C. Dumont)

En haut à gauche. **Un VBL stationné à la caserne de la GP, située stratégiquement entre l'aéroport, la présidence et le centre ville. On distingue bien le bariolage propre à l'unité, aux couleurs très « chocolat-menthe » (les engins de l'armée régulière gabonaise étant vert olive uni). Un Cascavel est visible derrière notre VBL.**

Ci-dessus. **Ce VBL avec tourelleau 12,7 CTM-105 stationne devant le pavillon de l'exposition SECARM en janvier 1989 à Libreville. L'argent du pétrole a permis au président Bongo de doter la GP de matériels de pointe. Le groupe de bataillon de la garde présidentielle comprend une compagnie de reconnaissance blindée, trois compagnies d'infanterie, une batterie d'artillerie sol-sol et une batterie d'artillerie sol-air.**

Ci-contre et ci-dessous. **Un VBL à tourelleau 12,7 peu après sa livraison en 1987. L'engin ne porte pas encore sur la portière le cercle de couleur indiquant sa section. La végétation luxuriante montre bien les limites de zone d'engagement : c'est essentiellement à Libreville et sur les axes routiers que ces blindés seraient engagés.** *(Photo Panhard/Dumont)*

RWANDA

Le VBL au combat dans la région des Grands Lacs

CE PETIT PAYS DE L'AFRIQUE DES GRANDS LACS est propulsé à la une de l'actualité à l'été 1994, lorsque la France déclenche l'opération Turquoise pour créer une « zone humanitaire sûre ». Dans les années quatre-vingt, le président Juvénal Habyarimana, ami personnel de François Mitterrand, signe un accord de défense avec la France. C'est dans ce cadre qu'est passé en 1986 un marché portant sur la livraison au FAR (Forces armées rwandaises) de 16 VBL. La commande comprend des véhicules de liaison en version standard, des VBL PC et 6 VBL MILAN.

Ces engins vont participer à la lutte contre les Tutsis du FPR (Front patriotique rwandais) dont la base arrière est implantée en Ouganda. Le 6 avril 1994, l'avion du président Habyarimana est abattu par un missile sol-air. Cet attentat plonge le pays dans une atroce guerre civile. Tandis que les miliciens Interhamwe Hutus se livrent à un véritable génocide qui coûtera la vie à 500 000 personnes, les FAR livrent combat à un FPR ivre de vengeance et soutenu par l'Ouganda et les Américains. Les VBL participent aux affrontements mais ne peuvent changer l'issue du conflit. Gênées par l'embargo décidé par l'ONU, qui les privent de munitions, et militairement dominées par le FPR, les FAR livrent un baroud d'honneur à Kigali avant de se replier sur le Zaïre. Plusieurs VBL sont vus franchissant la frontière à Goma. D'autres tombent aux mains du FPR.

Trois ans plus tard, les Rwandais aident Kabila à prendre le pouvoir au Zaïre. Des VBL capturés au FAR seront engagés. Il est de nos jours difficile de se faire une idée sur la disponibilité du parc VBL rwandais. Les différentes guerres et le manque de pièces de rechange n'ont guère dû laisser de véhicules en état de marche.

Ci-contre. **Exercice de franchissement dans le lac Kivu.**
(Photos Panhard/A. Moy)

Ci-dessous. **L'escadron blindé se prépare à l'action. Aux dires des instructeurs français, les cavaliers rwandais se sont bien battus, mais sans pouvoir écarter l'inéluctable échéance.**

Ci-dessus. **Peu après leur livraison, les VBL rwandais sont en manœuvre. Bientôt ce sera le combat. On devine à l'avant de la colonne des AML-90.**

Ci-contre.
Cette photo prise en 1997 est exceptionnelle puisqu'elle montre un VBL capturé par le FPR. Le reliquat des VBL rwandais sera engagé dans l'est du Zaïre contre les troupes de Mobutu et ensuite de Kabila. Le véhicule semble bien entretenu malgré trois ans de guerre. On note la présence de véhicules Mamba d'origine sud-africaine à l'arrière-plan.
(Photos Panhard)

Ci-contre et ci-dessous. **Un VBL du bataillon Guluf photographié lors d'une présentation en 1995. Son armement est constitué d'une mitrailleuse russe NSV de 12,7 mm montée à la place de l'ANF 1.**
(Photos Yves Debay

DJIBOUTI

Les VBL sur une position stratégique

À L'ÉCHELLE AFRICAINE, la république de Djibouti est un minuscule pays enclavé entre l'Éthiopie, l'Érythrée et la Somalie, voisins remuant ayant tous trois des revendications territoriales. L'importance stratégique de la petite république est toujours d'actualité puisqu'elle contrôle le détroit de Bab-el-Mandeb au débouché de la mer Rouge. Consciente des menaces planant sur son territoire, la république de Djibouti a conclu avec la France une série d'accords de défense permettant à Paris de maintenir sur place une importante garnison.

Forte de 7 500 hommes, l'AND (Armée nationale djiboutienne) comprend un état-major, trois commandements régionaux, Sud, Tadjoura et Obock, et une petite Force d'action rapide. C'est au sein de cette dernière que sert la seule unité blindée du pays, le bataillon blindé Guluf, qui signifie littéralement « En avant ».

L'unité a été créée pratiquement de toutes pièces par son premier chef de corps, le colonel Zakharia Cheick Ibrahim. Basé au camp Cheik Osman à la périphérie ouest de la capitale, le bataillon blindé Guluf,

Ci-dessus à droite. **Deux générations de véhicules de reconnaissance servent au bataillon Guluf, le BRDM-2 au 2e escadron (ici de face) et ce VBL flambant neuf qui vient d'être livré au 1er escadron.**
(Photo Yves Debay)

qui totalise 650 hommes, comprend deux escadrons blindés et un escadron monté sur VLRA.

Le 1er escadron blindé [1] est équipé de matériels français Panhard AML cédés par la France et l'Arabie saoudite ainsi que sept VBL acquis par Djibouti en 1987. Le peloton de combat de l'escadron est assez original dans sa conception mais sa puissance de feu ne peut prêter à sourire puisqu'on y trouve quatre AML-90, une AML-60 guidée par un VBL ainsi qu'une Toyota équipée d'un lance-roquette chinois Type-63 pour l'appui-feu.

Les Djiboutiens ont engagé le bataillon Guluf au feu lors de la rébellion du FRUD [2]. Les VBL se sont particulièrement bien comportés et leur capacité à encaisser le feu d'armes légères a été appréciée des équipages. Lors d'embuscades très meurtrières, les VBL se sont

montrés excellents tandis que les Hummer, malgré leurs qualités mécaniques, étaient percées comme des écumoires.

1. Le 2ᵉ escadron est doté de Hummer d'origine américaine et de BRDM-2 et BTR-60 offerts par Moscou dans les années quatre-vingt.

2. Front de l'unité et la démocratie, regroupant des opposants où les Afars sont majoritaires. Le FRUD a mené une guérilla dans la partie nord du pays entre 1992 et 1994.

Ci-dessus. **Comme les précédentes, ces photos prises en 1995 présentent un VBL du bataillon Guluf. La belle livrée de l'engin, qui est pratiquement flambant neuf, ne résistera sans doute pas longtemps aux vents de sable. Les véhicules utilisés par Djibouti ont une caisse dotée de deux grilles de ventilation. Ce modèle ne dispose pas des petites fenêtres derrière le pilote et le chef de bord. La diversité des matériels utilisés par le bataillon est bien illustrée par la photo ci-dessus où l'on voit, à l'arrière-plan, une AML-90 Panhard et un Hummer.** *(Photos Yves Debay)*

NIGERIA

Le plus gros utilisateur africain

AVEC 72 VÉHICULES COMMANDÉS, le Nigeria est le plus grand utilisateur africain du petit bijou blindé de Panhard. L'histoire du VBL dans ce pays est néanmoins un peu confuse puisque les livraisons ont été retardées à plusieurs reprises faute de paiement, ou annulées suite à des décisions politiques.

Le premier marché portant sur 40 véhicules est signé en 1985 mais résilié en 1991 à la suite d'un coup d'état militaire. Remanié en novembre 1992, ce contrat se traduit par une commande de 30 VBL qui, elle, sera honorée et payée.

Un nouveau marché est passé en 1992 pour la livraison de 40 VBL supplémentaires comprenant notamment 20 blindés dotés de tourelleau CTM-105, 10 versions longues PC et 10 versions standard armées d'une mitrailleuse MAG de 7,62 mm. Ce dernier lot sera livré en 1994-1995.

Le Nigeria se veut le gendarme et la vitrine militaire de l'Afrique de l'Ouest. À plusieurs reprises les Nigérians interviendront dans le cadre de l'Écomog, force de maintien de la paix interafricaine, en général sous leur commandement. C'est ainsi que des VBL seront engagés en petit nombre au Sierra Leone.

Faute d'argent, peu de pièces de rechange ont été commandées en France ces dernières années, ce qui laisse augurer que relativement peu de véhicules soient encore opérationnels. Les experts estiment à une trentaine le nombre de VBL en disponibilité dans l'armée nigériane.

Ci-dessous. **Un VBL nigérian dans un paysage de savane boisée au nord du pays. Ce très vaste pays, qui se veut la vitrine militaire de l'Afrique, a engagé ses blindés à plusieurs reprises en Guinée, au Sierra Leone et peut être demain en Côte-d'Ivoire.** *(Photo A. Moy)*

Ci-contre et ci-dessous. Sa plaque minéralogique commençant par les lettres NA, pour Nigerian Army, voici le VBL en conditions opérationnelles en l'Afrique de l'Ouest en décembre 1996. Sa silhouette très basse se perd dans les herbes à éléphants. Quant à la mitrailleuse MAG, elle n'est pas installée sur son affût. *(Photo Panhard/ A. Moy)*

Ci-dessus. **Le Nigeria a reçu plusieurs versions du VBL, y compris des châssis longs et des blindés armés de 12,7 mm, tel cet exemplaire de 1994 encore à l'usine de Marolles, prêt à être livré au géant de l'Afrique de l'Ouest. L'engin est revêtu de sa peinture d'usine unie.** *(Ph. Panhard)*

Ci-contre. **Dans une caserne de l'armée nigériane, un VBL stationne à côté d'un T-55. On note la différence de livrée entre les deux blindés. Derrière le char est visible l'avant d'un très rare Vickers de dépannage. Le Nigeria dispose théoriquement d'un grand nombre d'engins blindés mais l'instabilité chronique du pays et la fin du miracle pétrolier handicape ses forces armées.** *(Photo Panhard/A. Moy)*

KOWEIT

En service dans la garde nationale

EN 1992, APRÈS L'OPÉRATION DESERT STORM qui lui rend son indépendance, l'Émirat du Koweit doit reconstruire ses forces armées, presque totalement détruites lors de l'invasion irakienne. L'essentiel des commandes, portant sur le renouvellement des blindés chenillés de l'armée de terre, ira aux USA, à la Grande-Bretagne et à la Chine. La garde nationale, pilier du régime, s'offrira néanmoins un escadron antichar équipé de VBL TOW.

La commande, honorée en 1996, comprend 20 VBL dont 12 véhicules armés d'un lanceur antichar US TOW et huit en version de reconnaissance avec le tourelleau PL 127.

Les véhicules de la garde nationale du Koweit sont revêtus d'un très seyant bariolage qui les différencie de ceux de l'armée.

Ci-dessous. **Ce VBL long de la garde nationale est vu en patrouille à la frontière avec l'Irak. Cette région, gorgée de pétrole facile à exploiter, a été l'enjeu des guerres du Golfe. Les VBL koweiti disposent d'un emplacement particulier pour leur antenne radio : à la base du pare-brise. De même, le lot de bord est fixé sur le côté gauche alors que sa place est à l'origine à droite.** *(Photo M. Verguin)*

Un sergent de la garde nationale effectue un tir avec la mitrailleuse MAG. À cause du sable, l'arme doit être particulièrement bien entretenue. La position de tir est relativement confortable.

Ci-dessus. **Cette vue arrière permet de visualiser le bariolage et les marquages très particuliers de la garde nationale koweiti.**

Ci-dessous. **À nouveau le même VBL long, cette fois de trois quarts avant. Sa puissance de feu est conséquente puisqu'en plus du tourelleau PL 127 (capable de recevoir la mitrailleuse lourde de 12,7 mm ou le lance-grenade de 40 mm), le véhicule a conservé la MAG 7,62 mm du chef de bord, ce qui n'est pas le cas des autres utilisateurs.**

Ci-dessous. **La version antichar koweiti du VBL est équipée du fameux lance-missile américain TOW. Oman et le Koweit sont les seuls pays disposant de cette version permettant d'engager un char à 3 750 m. Là aussi, le chef de bord dispose quant à lui d'une mitrailleuse de 7,62 mm.** *(Photos Panhard/M. Verguin)*

Débarquement à Oman

Ci-dessus. **Débarquement depuis un navire d'assaut pour ces VBL omanais. Nombre de ces engins sont dotés de lance-pots fumigènes sur l'avant entre les deux vitres du pare-brise.**

Ci-dessous et page ci-contre. **Deux rares photos montrant des VBL omanais à la mer. Ils viennent de quitter leur navire et vont atteindre la plage pour prendre à revers un hypothétique agresseur.**

Ci-dessous. **Les capacités du VBL permettent également aux troupes omanaises de franchir aisément les points d'eau que l'on peut rencontrer dans le pays pendant la saison des pluies. Bien sûr, pour cette opération, il n'est pas nécessaire de préparer les engins, les oueds n'étant guère profonds.** *(Photos Panhard/A. Moy)*